WESTEND

JEFFREY SACHS

Diplomatie oder Desaster

Zeitenwende in den USA –
ist Frieden möglich?

Mit einem Gespräch zur politischen Lage
mit Oskar Lafontaine

WESTEND

Mehr über unsere Autoren und Bücher:
www.westendverlag.de

Die Deutsche Nationalbibliothek verzeichnet diese Publikation in der Deutschen Nationalbibliografie; detaillierte bibliografische Daten sind im Internet über http://dnb.d-nb.de abrufbar.

ISBN 978-3-86489-478-7
1. Auflage 2024

Umschlaggestaltung: Buchgut, Berlin
Übersetzung: Emil Fadel
Lektorat: Emil Fadel, Zachary Gallant, Luca Groß
Druck und Bindung: Friedrich Pustet GmbH & Co. KG,
Gutenbergstraße 8, 93051 Regensburg
Printed in Germany

Inhalt

Frieden zwischen Deutschland und Russland

August 2024

Die Beziehung zwischen Deutschland und Russland pendelte in den letzten zwei Jahrhunderten zwischen Krieg und Frieden, und es war Deutschland, das für gewöhnlich die Richtung bestimmt hat. Friedenszeiten brachten Wohlstand, während die beiden Weltkriege zweimal eine Katastrophe (nicht nur) für Deutschland bedeuteten. Die jüngste Abkehr Deutschlands von der Zusammenarbeit mit Russland hin zu offener Feindseligkeit, diesmal auf Geheiß der Vereinigten Staaten, stellt erneut eine große Gefahr für Deutschland dar.

Deutschland und Russland sind Weltmächte und Nachbarn in nächster Nähe. Ihr Verhältnis ist zwangsläufig kompliziert. Zuweilen haben deutsche Politiker ein Bündnis mit Russland angestrebt, so zum Beispiel als Reichskanzler Otto von Bismarck 1873 den Dreikaiserbund gründete, um das Russische Reich, Österreich-Ungarn und das Deutsche Reich zusammenzuführen. Doch die deutsch-russische Diplomatie wurde nach Bismarcks Entlassung 1890 durch Kaiser Wilhelm II. destabilisiert. Russland wechselte die Seiten und schloss 1894 ein Bündnis mit Frankreich. Die darauffolgende Furcht Deutschlands vor einem defensiven Zweifrontenkrieg veranlasste das deutsche Oberkommando, 1914 einen schnellen

Präventivkrieg gegen diese beiden Feinde zu favorisieren, um zunächst Frankreich zu besiegen und sich dann gegen Russland zu wenden, der sogenannte Schlieffen-Plan. Dieser Plan scheiterte an der Westfront, und der Erste Weltkrieg endete vier Jahre später mit der Niederlage Deutschlands und mit weitreichenden katastrophalen Folgen für Deutschland, Russland und die Welt.

Fünfzehn Jahre später, im Januar 1933, kam Hitler an die Macht, um die deutsche Niederlage zu rächen, und eröffnete im Mai 1940, nur wenige Monate nach Kriegsbeginn, einen neuen Krieg gegen Frankreich und im Juni des folgenden Jahres gegen Russland. Die Folgen des Zweiten Weltkrieges waren weitaus verheerender als die des Ersten. Sowohl in Deutschland als auch in Russland verloren Millionen Menschen ihr Leben, beide Länder erlitten katastrophale materielle Zerstörungen. Das Ende des Krieges bedeutete die Besetzung Deutschlands durch die vier alliierten Mächte, was bald zur Teilung in die Westzone (USA, Großbritannien, Frankreich) und die Ostzone (Russland) führte.

Die Teilung Deutschlands markierte den Beginn des 45-jährigen Kalten Krieges zwischen dem westlichen Bündnis unter Führung der USA und dem östlichen Bündnis unter Führung der Sowjetunion. Die vielleicht wichtigste Frage des Kalten Krieges drehte sich um die Teilung Deutschlands: Sollte Deutschland geteilt und die Frontlinie der amerikanisch-sowjetischen Konfrontation bleiben? Sollte das geteilte Deutschland stattdessen ein Treffpunkt und eine Brücke zwischen Ost und West werden, im Rahmen einer friedlichen Koexistenz der beiden Seiten? Oder sollte es unter für die USA und die Sowjetunion akzeptablen Bedingungen wiedervereinigt werden?

Wir kennen den Ausgang: Deutschland blieb bis 1990 geteilt und stand bis dahin an vorderster Front der Konfrontation des Kalten Krieges. Die Wiedervereinigung erfolgte erst durch den Aufstieg von Michail Gorbatschow, den Machtverfall der Sowjetunion und schließlich ihre Auflösung in 15 Nachfolgestaaten. Diese Geschichte ist bekannt und scheint im Rückblick unausweichlich gewesen zu sein. Wie hätte Deutschland auf andere Weise friedlich wiedervereinigt werden können?

In Wahrheit gab es aber einen anderen Weg, der auf eine frühzeitige Wiedervereinigung abzielte und im Jahr 1948 von dem führenden amerikanischen Diplomaten für die amerikanisch-sowjetischen Beziehungen, George Kennan, vorgeschlagen wurde. George Kennan – im Übrigen auch der Entwickler der sogenannten »Containment-Doktrin« der USA, die den Widerstand gegen militärische und politische Vorstöße der Sowjetunion an ihrer Peripherie vorsah – war in den USA allerdings der Hauptbefürworter der Idee einer frühen deutschen Wiedervereinigung in den späten 1940er oder frühen 1950er Jahren. Kennans »Plan A« sah die Wiedervereinigung Deutschlands auf der Grundlage von Neutralität und Abrüstung, dem Abzug ausländischer Streitkräfte sowie der politischen Kontrolle durch die vier alliierten Mächte (USA, Vereinigtes Königreich, Frankreich und Sowjetunion) vor, die alle in einem Friedensvertrag enthalten sein sollten.

Doch Kennans Plan stieß auf heftigen Widerstand sowohl von westdeutschen Politikern unter der Führung von Konrad Adenauer als auch von amerikanischen Politikern und wurde schließlich abgelehnt. Letztendlich kam es nie zu einem Friedensvertrag zur Beendigung des Zweiten Weltkrieges. Der Kalte Krieg – einschließlich der Teilung Deutschlands, der politischen Kontrolle der Sowjetunion über Osteuropa und des erschütternden nuklearen Wettrüstens – sollte noch weitere vierzig Jahre andauern, in denen beide Seiten einige Male am Rande eines Atomkrieges standen, etwa während der Kubakrise 1962 oder während den heftigen Spannungen in den frühen 1980er Jahren.

Anstatt Deutschland also nach dem Zweiten Weltkrieg im Rahmen eines Friedensabkommens wieder zu vereinen, zu entmilitarisieren und zur neutralen Zone zu machen, taten die USA im Wesentlichen das Gegenteil. Sie förderten die Gründung der Bundesrepublik Deutschland, indem sie die Besatzungszonen der USA, des Vereinigten Königreichs und Frankreichs zusammenlegten, um damit die Teilung mit der sowjetischen Besatzungszone voranzutreiben, die bald zur Deutschen Demokratischen Republik wurde. Außerdem begannen sie nur wenige Jahre nach der Niederlage Nazideutschlands mit der Remilitarisierung Westdeutschlands.

Die amerikanische Politik hatte zwei Ziele im Auge: die Eindämmung der Sowjetunion und die Aufrechterhaltung der außenpolitischen Kontrolle der USA über Westdeutschland. Der Zweck der NATO bestünde darin, so Lord Ismay, der erste Generalsekretär der NATO, »die Sowjetunion draußen, die Amerikaner drinnen und die Deutschen unten zu halten«.[1]

Selbst angesichts des Widerstands der USA gegen eine deutsche Neutralität bemühte sich die Sowjetunion wiederholt um deren Realisierung. Noch 1952 unterbreitete Stalin Vorschläge für eine deutsche Wiedervereinigung auf der Grundlage von Neutralität. Die USA lehnten diese Vorschläge ab, mit der Begründung, es handele sich um einen Trick zur Schwächung des NATO-Bündnisses. Ein eher unbekanntes Detail: 1954, kurz nach Stalins Tod, beantragte die Sowjetunion die Mitgliedschaft in der NATO, um die Möglichkeit der kollektiven Sicherheit in einem größeren Europa zu fördern, anstatt Europa nach Ost-West-Linien zu teilen. Die USA lehnten diesen Ansatz strikt ab. 1955 versuchte die Sowjetunion erneut, den Westen dazu zu bewegen, die deutsche Neutralität zu akzeptieren, indem sie deren Vorzüge in Österreich demonstrierte. Auf der Grundlage der Neutralitätserklärung Österreichs in jenem Jahr zog die Sowjetunion ihre Besatzungstruppen zurück, in der Hoffnung, dass der österreichische Ansatz den Weg für ein neutrales Deutschland ebnen würde. Kennan berief sich auf dieses österreichische Modell, um seinen Vorstoß für die deutsche Neutralität und Wiedervereinigung wiederzubeleben. Doch auch in diesem Falle lehnten die USA die sowjetischen Vorschläge ab. Stattdessen nahmen sie im gleichen Jahr die Bundesrepublik in die NATO auf.

Der Kalte Krieg behielt Deutschland im Fadenkreuz einer möglichen militärischen Auseinandersetzung zwischen den USA und der Sowjetunion. Berlin war das Epizentrum des Kalten Krieges während der Zeit der größten Spannungen von 1958 bis 1963, als die Supermächte wiederholt kurz vor einem offenen Konflikt standen. Die Sowjetunion war besonders besorgt über den möglichen Erwerb von Atomwaffen durch Deutschland, sei es durch die NATO oder durch ein bilaterales Atomwaffenabkommen mit Frankreich unter de Gaulle. Die akute Krise entspannte sich erst, als die USA und die Sowjetunion in den 1960er und 1970er Jahren mehrere Atomwaffenabkommen unterzeichneten. Sie flammte jedoch in der ersten Hälfte der 1980er Jahre wieder auf, als die USA unter Präsident Ronald Reagan Atomwaffen mittlerer Reichweite in Deutschland stationieren wollten.

Mit Willy Brandt und Helmut Schmidt hatte Deutschland ab 1969 zwei Bundeskanzler, die der Ansicht waren, dass Sicherheit und eine friedliche Wiedervereinigung am besten durch einen Abbau der Spannungen mit der Sowjetunion und durch eine Normalisierung der diplomatischen Beziehungen zwischen Ost- und Westdeutschland erreicht werden könnten. Mit anderen Worten: Brandt, Schmidt und andere deutsche Politiker strebten danach, die deutsche Teilung neu zu denken: als Brücke der Zusammenarbeit statt als Mauer der Konfrontation zwischen Ost und West. Bemerkenswerterweise verfolgte die deutsche Führung die »Neue Ostpolitik« sogar gegen die Einwände vieler amerikanischer Hardliner. Dies zeigt, dass die deutsche Führung bereits in den 1970er Jahren durchaus in der Lage war, eine von den USA unabhängige Außenpolitik zu betreiben. In den frühen 1980er Jahren kam in Deutschland eine große und äußerst populäre Friedensbewegung auf, die wesentlich dazu beitrug, dass Michail Gorbatschow 1990 der deutschen Wiedervereinigung zustimmte und damit den Kalten Krieg beendete.

Die Bedingung für die Wiedervereinigung Deutschlands war nicht die Neutralität, wie die Sowjetunion seit Langem vorgeschlagen hatte. Es gab aber die ausdrückliche Zusage der USA und Deutschlands, dass die NATO-Verbündeten die Sowjetunion infolge der Wiedervereinigung Deutschlands nicht ausnutzen würden. Vor allem aber versprachen die USA und Deutschland Gorbatschow, dass die NATO nicht nach Osteuropa und in die ehemalige Sowjetunion expandieren würde, selbst wenn die Sowjetunion ihr eigenes Militärbündnis, den Warschauer Pakt, auflöste und Deutschland sich vereinigte.

Die grundlegenden Fakten dieser klaren Zusage Deutschlands und der USA werden bis heute weitgehend verschleiert.

In einer großen außenpolitischen Rede am 31. Januar 1990 stellte der damalige deutsche Außenminister Hans-Dietrich Genscher klar, dass die Wiedervereinigung nicht zu einer »Beeinträchtigung der sowjetischen Sicherheitsinteressen« führen dürfe.[2] Am 9. Februar 1990 erklärte US-Außenminister James Baker III gegenüber Gorbatschow, die NATO werde sich »nicht einen Zoll nach Osten erweitern«.[3] Diese Zusicherungen waren weder zweideutig noch informell. Sie wurden gegenüber der sowjetischen Führung sowie ab 1990 der russischen Führung bei vielen Gelegenheiten wiederholt, wie ausführlich dokumentiert ist.

All dies erwies sich als Lüge. Die USA machten ihre Zusagen rückgängig, kaum dass die Sowjetunion 1991 aufgelöst wurde, obwohl diese Zusagen für Russland als Nachfolgestaat der Sowjetunion (technisch gesehen als ihr »Fortsetzungsstaat«) von überragender Bedeutung waren. Seit 1992 gibt es bis heute keinerlei Anzeichen dafür, dass die US-amerikanische Führung die nationalen Sicherheitsbelange Russlands oder die Versprechen, die die USA der Sowjetunion gegeben hatten, in irgendeiner Weise ernsthaft berücksichtigt hätte. 1992 fiel die US-Außenpolitik in die Hände der sogenannten »Neocons« (Neokonservativen), also der außenpolitischen Hardliner, die sich unter anderem dem Ziel verschrieben hatten, die Vereinigten Staaten zur einzigen Supermacht der Welt zu machen – ohne Rücksicht auf die Anliegen anderer Länder, einschließlich Russlands.

Der Zeitraum von 1992 bis 2021 ist durch ein relativ einheitliches Muster gekennzeichnet: Die USA brüskierten immer wieder Russlands nationale Sicherheitsinteressen, und Deutschland schloss sich in der Regel den Hardliner-Positionen an, trotz gelegentlicher Bedenken. Dies war das allgemeine Muster unter den Regierungen Kohl, Schröder und Merkel. Ab 2022, mit der Ampelkoalition von Bundeskanzler Olaf Scholz, hat sich Deutschland nicht nur gegenüber Presse und Medien, sondern offenbar auch nichtöffentlich konsequent auf die Seite der Hardliner der US-Politik gestellt.

Die Liste der schwerwiegenden Verstöße der USA gegen die nationale Sicherheit Russlands in der Zeit von 1992 bis 2021 ist viel zu lang, um sie hier im Einzelnen zu erörtern, aber es lohnt sich, die wichtigsten Punkte zu erwähnen:

- 1999: Beginn der NATO-Osterweiterung (Tschechische Republik, Ungarn und Polen) in direktem Widerspruch gegen die oben genannten Zusagen.
- Verdeckte Unterstützung und Bewaffnung islamistischer Kämpfer in Bosnien, im Kosovo und in Tschetschenien, trotz russischer Einwände und Bedenken.[4]
- 1999: Bombardement von Serbien, einem Verbündeten Russlands, um die Loslösung des Kosovos zu erzwingen, sowie anschließende Errichtung eines großen NATO-Stützpunkts im Kosovo.
- 2002: Einseitige Kündigung des ABM-Vertrags (Anti-Ballistic Missile Treaty) und Stationierung von US-Raketensystemen in Polen und Rumänien, in unmittelbarer Nähe zu Russlands Grenzen – beides gegen den Protest der russischen Regierung.
- 2003: Angriff auf den Irak, einen weiteren russischen Verbündeten, ohne UN-Mandat und auf der Basis von falschen Anschuldigungen (angebliche irakische Massenvernichtungswaffen, die in Wirklichkeit nicht existierten).

- 2004: NATO-Erweiterung um sieben weitere Staaten: Bulgarien, Estland, Lettland, Litauen, Rumänien, Slowakei und Slowenien.
- 2008: Anerkennung des Kosovos als unabhängigen Staat, mit dem Ziel, die 1999 von der NATO erzwungene Teilung dauerhaft zu machen.
- 2008: Verpflichtung der USA, die NATO sowohl um die Ukraine als auch um Georgien zu erweitern, allerdings ohne einen konkreten Zeitplan zu nennen.
- 2011: Beginn von verdeckten Bemühungen, den syrischen Präsidenten Baschar al-Assad, einen weiteren russischen Verbündeten, zu stürzen.[5]
- 2011: Monatelanges Bombardement von Libyen, mit dem Ziel, Muammar Gaddafi, ebenfalls russischer Verbündeter, zu beseitigen.
- 2014: Beteiligung an einem Komplott mit rechtsgerichteten Kräften in der Ukraine, um den gewählten ukrainischen Präsidenten Viktor Janukowitsch abzusetzen.[6]
- Untergrabung der Anwendung des Minsk-II-Abkommens, mit dem die tiefe ethnische und politische Spaltung der Ukraine durch Autonomie für die ethnisch russische Bevölkerung des Donbass überwunden werden sollte.
- 2019: Einseitige Kündigung des INF-Abkommens (Intermediate Range Nuclear Forces Treaty).
- 2021: Weigerung, mit Russland über einen von Präsident Putin vorgelegten Entwurf eines Sicherheitsabkommens zwischen Russland und den USA zu verhandeln.[7]
- März 2022: Ablehnung des Entwurfs eines Friedensabkommens zwischen Russland und der Ukraine, auf das sich beide Länder geeinigt hatten.[8]

Es würde wiederum zu viel Platz beanspruchen, hier im Detail zu dokumentieren, wie Deutschland auf diese Brüskierung der nationalen Sicherheitsinteressen Russlands durch die USA reagierte. An dieser Stelle genügt es hervorzuheben, dass, wie erwähnt, deutsche Staats- und Regierungschefs durchaus ernsthafte Vorbehalte gegen die aggressive Außenpolitik der USA äußerten, und gelegentlich wurden diese Meinungsverschiedenheiten auch öffentlich zum Ausdruck gebracht. Kohl, Schröder und Merkel, um nur einige zu nennen, wussten, dass es unklug ist, Russland in zentralen Bereichen der Sicherheit so unverblümt zu brüskieren. Schröder war ein öffentlich deutlich wahrnehmbarer Kritiker des US-Krieges gegen den Irak im Jahr 2003. Angela Merkel war eine entschiedene Gegnerin der NATO-Erweiterungszusage für Georgien und die Ukraine und auf dem NATO-Gipfel 2008 in Bukarest versuchte sie hinter den Kulissen eine solche Zusage zu verhindern. Letztendlich gab die Bundesregierung der Forderung der USA nach einer Erweiterung nach, setzte sich aber mit der Ablehnung eines festen Zeitplans oder Fahrplans für die NATO-Erweiterung durch. Bundeskanzlerin Merkel war auch eine glaubwürdige Befürworterin der Minsk-II-Vereinbarung, die nach dem Vorbild des erfolgreichen Autonomiemodells von Südtirol gestaltet war. Als die Ukraine und die USA sich weigerten, das Minsk-II-Abkommen tatsächlich umzusetzen, hat Merkel dies stillschweigend hingenommen.

Auch im Hinblick auf die Nord-Stream-II-Pipeline übten die USA im Zeitraum 1992–2021 Druck auf deutsche Regierungen aus. US-Hardliner lehnten Nord Stream II vehement ab, da sie die deutsche Industrie an billiges russisches Erdgas binden und damit beide Staaten in eine starke und für beide vorteilhafte Wirtschaftsbeziehung bringen würde. Die US-Strategie bestand darin, Nord Stream II zu verhindern, um Russland zu schwächen, aber auch um die deutsch-russische Wirtschaftsbeziehung zu schwächen, die von den US-Neocons als direkte Bedrohung der US-Hegemonie in Europa angesehen wird. Trotz des massiven Drucks der USA haben Schröder und Merkel jedoch Nord Stream II vorangetrieben und das Projekt bis an den Rand der Fertigstellung gebracht. Am 7. Februar 2022 warnte US-Präsident Joe Biden im Beisein von Bundeskanzler Scholz, dass die USA Nord Stream II beenden würden, falls Russland in die Ukraine einmarschieren sollte.

Vergegenwärtigt man sich, dass Kohl, Schröder und Merkel gegenüber den USA durchaus eigene Positionen vertraten, sieht man nun deutlich, wie dramatisch die Wende ist, die die Scholz-Regierung seit 2022 vollzogen hat. Olaf Scholz und seine Außenministerin Annalena Baerbock waren von Anfang an eng verbunden mit der Biden-Administration. Scholz hat, soweit bekannt, nie Bedenken gegen die Erweiterung der NATO geäußert, und er hat auch nie Bedenken dagegen geäußert, dass die USA und Großbritannien im März/April 2022 die Friedensgespräche zwischen Russland und der Ukraine torpediert haben. Scholz hat zu keiner Zeit Vorschläge für eine diplomatische Beendigung des Ukraine-Krieges unterbreitet. Scholz hat nicht einmal seine Besorgnis darüber ausgedrückt, dass die Amerikaner an der Zerstörung der Nord-Stream-Pipelines beteiligt waren, ja möglicherweise diese sogar veranlassten. Stattdessen hat seine Regierung im Namen der USA lächerliche Entschuldigungen vorgebracht und den Ukrainern die Schuld an der Zerstörung der Pipeline gegeben. Selbst als Deutschlands Wirtschaft durch den Verlust des Zugangs zu preiswerter russischer Energie stark geschwächt wurde, blieb Scholz den USA und dem von ihnen geführten Sanktionsregime treu.

Es stellt sich die Frage, warum Scholz im Gegensatz zu seinen Vorgängern so bereitwillig die Positionen der US-Hardliner unterstützt, obwohl diese offensichtlich nicht im Interesse der deutschen Sicherheit oder Wirtschaft liegen. Die typische Antwort lautet, dass die USA die deutsche Außenpolitik effektiv kontrollieren. Das stimmt aber nur zum Teil. Scholz' Vorgänger haben deutlich gemacht, dass Deutschland über einen gewissen geopolitischen Handlungsspielraum verfügt. Eine mögliche Antwort ist Scholz' persönliche Schwäche als Politiker, entweder weil es ihm an außenpolitischem Verständnis mangelt oder seinen Koalitionspartnern, das gilt insbesondere für die Grünen. Man kann argumentieren, dass die deutschen Grünen in gewisser Weise selbst das Machwerk der US-Außenpolitik sind. Sie waren stets die treuesten Verbündeten Amerikas, seit der grüne Außenminister Joschka Fischer 1999 die NATO-Bombardierung Serbiens nachdrücklich unterstützte, obgleich er sich später gegen den US-Krieg im Irak aussprach.

Scholz ist im eigenen Land bemerkenswert unpopulär, seine Zustimmungswerte lagen im Sommer 2024 bei knapp über 20 Prozent. Die Schwächung der deutschen Wirtschaft, die zu einem großen Teil auf den Ukraine-Krieg und den Verlust des Zugangs zu preiswerter Energie zurückzuführen ist, belastet die deutsche Politik stark, und das sollte sie auch. Der Krieg zerstört nicht nur die Ukraine, sondern untergräbt auch die deutsche und europäische Wirtschaft zutiefst.

Meine Schlussfolgerungen sind klar und deutlich: Entgegen der Propaganda im Westen ist der Krieg in der Ukraine kein unprovozierter Angriffskrieg von Wladimir Putin. Er ist vielmehr das tragische, aber vorhersehbare Ergebnis von mehr als 30 Jahren US-amerikanischer Hybris und amerikanischem Unwillen, die berechtigten nationalen Sicherheitsbedenken Russlands zu berücksichtigen. Es gibt keinen triftigen Grund, warum die NATO auf die Ukraine und Georgien ausgedehnt werden sollte, um Russland in der Schwarzmeerregion einzukesseln, wie es die US-Neocons seit 1994 planen. Es gibt keinen triftigen Grund, warum die USA den Rahmen für die nukleare Rüstungskontrolle aufgegeben und einseitige Schritte zur Aufstellung von US-Raketensystemen in Osteuropa unternommen haben sollten. Es gibt keinen triftigen Grund, warum die USA sich zum Sturz Janukowitschs im Februar 2014 verschworen und damit den Krieg angezettelt haben sollten. Es gibt keinen triftigen Grund, warum die USA die Minsk-II-Vereinbarungen untergraben haben sollten. Es gibt keinen triftigen Grund, warum die USA bis heute eine diplomatische Lösung auf der Grundlage der Neutralität der Ukraine ablehnen.

Genauso gibt es für Deutschland keinen triftigen Grund, diese fatalen Fehler der USA stillschweigend mitzutragen, obwohl diese ganz offensichtlich die eigene wirtschaftliche Vitalität und Dynamik untergraben. Deutschland hätte außenpolitische Optionen und ein echtes Interesse an einem Sicherheitsarrangement für Europa, das Russlands Erwägungen mit einbezieht. Das war in den späten 1940er und 1950er Jahren der Fall, als die deutsche Neutralität den Kalten Krieg Jahrzehnte vor der tatsächlichen Geschichte hätte beenden können. Das galt in den 1990er Jahren, als Deutschland zusammen mit den USA versprach, dass die NATO sich keinen Zentimeter nach Osten bewegen würde. Es galt in den 2010er Jahren, als

Deutschland sich verpflichtete, ein Garant für das Minsk-II-Abkommen zu sein. Und das gilt auch heute noch. Deutschland könnte jetzt ein Friedensstifter für Europa und die Welt sein, wenn es tiefgehend über die Ursachen der aktuellen Konflikte und die Wege zu ihrer friedlichen Lösung nachdenken würde.

Basiswissen: Hinter dem Krieg in der Ukraine

Die Ukraine ist die jüngste neokonservative Katastrophe

Juni 2022

Der Krieg in der Ukraine ist der Höhepunkt eines dreißig Jahre währenden Projekts der amerikanischen neokonservativen Bewegung. In der Regierung Biden sitzen dieselben Neokonservativen, die sich für die Kriege der USA in Serbien (1999), Afghanistan (2001), Irak (2003), Syrien und Libyen (beide 2011) stark gemacht haben und die den Einmarsch Russlands in die Ukraine provoziert haben. Die Erfolgsbilanz dieser »Neocons« ist ein einziges Desaster, und doch hat Biden sein Team mit ihnen besetzt. Infolgedessen steuert er die Ukraine, die USA und die Europäische Union in ein weiteres geopolitisches Debakel. Wenn Europa einen Funken Einsicht hat, wird es sich von diesen außenpolitischen Debakeln der USA distanzieren.

Die Neocon-Bewegung entstand in den 1970er Jahren um eine Gruppe öffentlicher Intellektueller, von denen einige von dem Politikwissenschaftler Leo Strauss von der University of Chicago und dem Altphilologen Donald Kagan von der Yale University beeinflusst wurden. Zu den führenden Köpfen der Neocons gehörten Norman Podhoretz, Irving Kristol, Paul Wolfowitz, Robert und Frederick Kagan (beides Söhne von Donald Kagan), Victoria Nuland und Kimberley Allen Kagan (die Ehefrauen der Kagan-Brüder) sowie Elliott Abrams.

Die Hauptbotschaft der Neocons lautet, dass die USA in jeder Region der Welt die militärische Vormachtstellung innehaben und sich den aufstrebenden Mächten entgegenstellen müssen, die eines Tages die globale oder regionale Vorherrschaft der USA infrage stellen könnten, vor allem Russland und China. Zu diesem Zweck muss das US-Militär in Hunderten von Militärstützpunkten auf der ganzen Welt stationiert werden, und die USA sollten darauf vorbereitet sein, bei Bedarf Kriege nach Wahl zu führen. Die Vereinten Nationen sollen von den USA nur dann als Autorität anerkannt werden, wenn dies für ihre Zwecke nützlich ist.

Dieser Ansatz wurde erstmals 1992 von Paul Wolfowitz in seinem Entwurf der *Defense Planning Guidance* (auch Wolfowitz-Doktrin genannt, Anm. d. Übers.) für das US-Verteidigungsministerium dargelegt.[9] In diesem Entwurf wurde die Ausweitung des von den USA geführten Sicherheitsnetzes auf Mittel- und Osteuropa gefordert, obwohl der deutsche Außenminister Hans-Dietrich Genscher 1990 ausdrücklich versprochen hatte, dass auf die deutsche Wiedervereinigung keine NATO-Osterweiterung folgen würde.[10] Wolfowitz plädierte auch für amerikanische Kriege nach eigenem Gutdünken und verteidigte das Recht Amerikas, in Krisen, die für die eigene Hegemonie von Belang sind, eigenmächtig zu handeln. General Wesley Clark zufolge vertrat Wolfowitz bereits im Mai 1991 den Standpunkt, dass die USA Operationen zum Regimewechsel in Irak, Syrien und anderen ehemaligen sowjetischen Verbündeten anführen würden.[11]

Die Neocons setzten sich für eine NATO-Erweiterung auf die Ukraine ein, noch bevor dies 2008 unter George W. Bush zur offiziellen US-Politik wurde. Sie betrachteten die NATO-

Mitgliedschaft der Ukraine als Schlüssel zur regionalen und globalen Vorherrschaft der USA. Robert Kagan erläuterte dies im April 2006:

> »Die Russen und Chinesen sehen in [den Farbenrevolutionen] nichts Natürliches, sondern nur vom Westen unterstützte Putsche, die den westlichen Einfluss in strategisch wichtigen Teilen der Welt stärken sollen. Aber liegen sie damit so falsch? Könnte die erfolgreiche Liberalisierung der Ukraine, die von den westlichen Demokratien vorangetrieben und unterstützt wird, nicht nur das Vorspiel für die Eingliederung dieser Nation in die NATO und die Europäische Union sein – kurz gesagt, für die Ausweitung der westlichen liberalen Hegemonie?«

Kagan räumte auch ein, dass die NATO-Erweiterung verheerende Folgen hat, indem er den russischen Propagandisten Dmitri Trenin zitierte: »Der Kreml bereitet sich allen Ernstes auf die ›Schlacht um die Ukraine‹ vor.« Nach dem Zusammenbruch der Sowjetunion hätten sowohl die USA als auch Russland eine neutrale Ukraine anstreben sollen, als vorsichtigen Puffer und Sicherheitsventil. Stattdessen strebten die Neocons die Hegemonie der USA an, während die Russen den Kampf teils zur Verteidigung, teils aus eigenen imperialen Ambitionen heraus aufnahmen. Dies erinnert an den Krimkrieg (1853–1856), als Großbritannien und Frankreich versuchten, Russland im Schwarzen Meer zu schwächen, nachdem es Druck auf das Osmanische Reich ausgeübt hatte.

Kagan verfasste den Artikel als Privatmann, während seine Frau Victoria Nuland unter George W. Bush als US-Botschafterin bei der NATO tätig war. Nuland war die neokonservative Agentin par excellence. Zusätzlich zu ihrer Tätigkeit als Bushs Botschafterin bei der NATO war Nuland von 2013 bis 2017 Barack Obamas stellvertretende Außenministerin für europäische und eurasische Angelegenheiten, wobei sie am Sturz des prorussischen ukrainischen Präsidenten Wiktor Janukowytsch beteiligt war, und ist mittlerweile Bidens Unterstaatssekretärin, die die US-Politik gegenüber dem Krieg in der Ukraine leitet.

Die Ansichten der Neokonservativen beruhen auf der falschen Annahme, dass die USA aufgrund ihrer militärischen, finanziellen, technologischen und wirtschaftlichen Überlegenheit in der Lage sind, die Bedingungen in allen Regionen der Welt zu diktieren. Diese Position ist sowohl von einer bemerkenswerten Hybris als auch von einer ordentlichen Geringschätzung der tatsächlichen Faktenlage geprägt. Seit den 1950er Jahren wurden die USA in fast jedem regionalen Konflikt, an dem sie direkt beteiligt waren, in ihren Fortschritten behindert oder komplett besiegt. Doch mit der »Schlacht um die Ukraine« waren die Neocons bereit, eine militärische Konfrontation mit Russland zu provozieren, indem sie die NATO gegen die vehementen Einwände Russlands erweiterten, weil sie der festen Überzeugung waren, dass Russland durch die Finanzsanktionen der USA und die Waffen der NATO besiegt werden würde.

Das Institute for the Study of War (ISW), ein neokonservativer Thinktank unter der Leitung von Kimberley Allen Kagan (und unterstützt von einem Who's Who der Rüstungsunternehmen wie General Dynamics und Raytheon), verspricht weiterhin einen ukrainischen Sieg. Zu den Vorstößen Russlands gab das ISW einen typischen Kommentar ab:

»Unabhängig davon, welche Seite die Stadt [Sjewjerodonezk] hält, wird die russische Offensive auf operativer und strategischer Ebene wahrscheinlich ihren Höhepunkt erreicht haben, was der Ukraine die Möglichkeit gibt, ihre Gegenoffensiven auf operativer Ebene wieder aufzunehmen, um die russischen Kräfte zurückzudrängen.«

Die Fakten vor Ort deuten jedoch auf eine andere Entwicklung hin. Die Wirtschaftssanktionen des Westens haben sich auf Russland kaum negativ ausgewirkt, während ihr »Bumerang-Effekt« auf den Rest der Welt groß war. Darüber hinaus ist die Fähigkeit der USA, die Ukraine mit Munition und Waffen zu versorgen, durch die begrenzten Produktionskapazitäten und die unterbrochenen Versorgungsketten stark eingeschränkt. Die industrielle Kapazität Russlands übertrifft natürlich die der Ukraine um ein Vielfaches. Russlands BIP war vor dem Krieg etwa zehnmal so hoch wie das der Ukraine, und die Ukraine hat durch den Krieg einen Großteil ihrer industriellen Kapazitäten verloren.

Das wahrscheinlichste Ergebnis der gegenwärtigen Kämpfe ist, dass Russland einen großen Teil der Ukraine erobern wird, wodurch das Land entweder beinahe oder ganz zu einem Binnenstaat werden wird. In Europa und den USA wird die Frustration über die militärischen Verluste und die stagflationären Folgen von Krieg und Sanktionen steigen. Die Auswirkungen könnten verheerend sein, wenn in den USA ein neuer rechter Demagoge an die Macht kommt (oder im Fall von Trump einer zurückkehrt), der verspricht, Amerikas verblichenen militärischen Ruhm durch gefährliche Eskalation wiederherzustellen.

Anstatt diese Katastrophe zu riskieren, besteht die wahre Lösung darin, die neokonservativen Fantasien der letzten dreißig Jahre zu beenden und die Ukraine und Russland an den Verhandlungstisch zurückzuholen, wobei sich die NATO verpflichtet, ihr Engagement für die Osterweiterung um die Ukraine und Georgien im Gegenzug für einen tragfähigen Frieden zu beenden, der die Souveränität und territoriale Integrität der Ukraine respektiert und schützt.

Das falsche Narrativ des Westens über Russland und China

August 2022

Die Welt steht am Rande einer nuklearen Katastrophe, was nicht zuletzt darauf zurückzuführen ist, dass die politischen Führer des Westens es versäumt haben, die Ursachen der eskalierenden globalen Konflikte offen zu benennen. Die unaufhörliche Selbstinszenierung des Westens als edle Großmacht und die Darstellung Russlands und Chinas als Schurkenstaaten ist einfältig und außerordentlich gefährlich. Es ist ein Versuch, die öffentliche Meinung zu manipulieren, um sich nicht mit der sehr realen und dringenden Diplomatie befassen zu müssen.

Das wesentliche Narrativ des Westens ist in die Nationale Sicherheitsstrategie der USA integriert, deren Kernidee ist, dass China und Russland unerbittliche Feinde sind, die »versuchen, die Sicherheit und den Wohlstand Amerikas zu untergraben«. Diese Länder sind nach Ansicht der USA »entschlossen, die Wirtschaft weniger frei und weniger fair zu gestalten, ihre Streitkräfte auszubauen und Informationen und Daten zu kontrollieren, um ihre Gesellschaften zu unterdrücken und ihren Einfluss auszuweiten«.[12]

Die Ironie besteht darin, dass die USA seit 1980 in mindestens fünfzehn Kriege weltweit verwickelt waren (Afghanistan,

Irak, Libyen, Panama, Serbien, Syrien und Jemen, um nur einige zu nennen), während China in keinen und Russland nur in einen (Syrien) außerhalb der ehemaligen Sowjetunion verwickelt war. Die USA haben Militärbasen in 85 Ländern, China in drei Ländern und Russland nur in Syrien.

Präsident Joe Biden hat dieses Narrativ gefördert und erklärt, dass die größte Herausforderung unserer Zeit der Wettbewerb mit den Autokratien ist, die »versuchen, ihre eigene Macht auszubauen, ihren Einfluss in die ganze Welt zu exportieren und auszuweiten und ihre repressive Politik und Praxis als effizienteren Weg zur Bewältigung der heutigen Herausforderungen zu rechtfertigen«.[13] Die US-Sicherheitsstrategie ist aber nicht das Werk eines einzelnen US-Präsidenten, sondern des weitgehend autonomen US-Sicherheitsapparats, der hinter einem Vorhang der Verschwiegenheit operiert.

Die übersteigerte Angst vor China und Russland wird der westlichen Öffentlichkeit durch Manipulation der Fakten verkauft. Eine Generation zuvor wandte George W. Bush dieselbe Strategie an, um der Bevölkerung weiszumachen, Amerikas größte Bedrohung sei der islamische Fundamentalismus – dabei vergaß er aber zu erwähnen, dass es die CIA war, die zusammen mit Saudi-Arabien und anderen Ländern die Dschihadisten in Afghanistan, Syrien und anderswo aufgebaut, finanziert und eingesetzt hatte, um Stellvertreterkriege zu führen.

Oder denken wir an den Einmarsch der Sowjetunion in Afghanistan im Jahr 1980, der in den westlichen Medien als ein Akt überraschender Gemeinheit dargestellt wurde. Erst Jahre später erfuhren wir, dass der sowjetischen Invasion in Wirklichkeit eine CIA-Operation vorausgegangen war, die darauf abzielte, genau eine solche Reaktion zu provozieren! Die gleiche Fehlinformation gab es auch in Bezug auf Syrien. Die westliche Presse ist voll von Schuldzuweisungen gegen Putins militärische Unterstützung für Syriens Diktator Bashar al-Assad ab 2015, ohne zu erwähnen, dass die USA die Revolution in Syrien ab 2011 unterstützten, wobei die CIA eine größere Operation (Timber Sycamore) finanzierte, um Assad Jahre vor Russlands Ankunft zu stürzen.

Ein ähnlicher Doppelstandard lässt sich in den jüngsten Ereignissen erkennen, als die Sprecherin des US-Repräsentantenhauses, Nancy Pelosi, trotz Chinas Warnungen leichtsinnig nach Taiwan flog. Niemand verurteilte Pelosis Provokation, doch alle G7-Minister kritisierten gemeinsam Chinas »Überreaktion« scharf.

Die westliche Darstellung des Ukraine-Krieges lautet, dass es sich um einen unprovozierten Angriff Putins handelt, der das russische Imperium wiederherstellen will. Die wahre Geschichte beginnt jedoch mit dem Versprechen des Westens an den sowjetischen Präsidenten Michail Gorbatschow, die NATO werde sich nicht nach Osten erweitern, gefolgt von vier Wellen der NATO-Erweiterung: 1999 wurden drei mitteleuropäische Staaten aufgenommen, 2004 sieben weitere, darunter die Staaten am Schwarzen Meer und im Baltikum, 2008 wurde die Erweiterung um die Ukraine und Georgien zugesagt, und 2022 wurden vier asiatisch-pazifische Staaten in die NATO eingeladen, um China ins Visier zu nehmen

Die westlichen Medien erwähnen auch nicht die Rolle der USA beim Sturz des prorussischen ukrainischen Präsidenten Viktor Janukowitsch im Jahr 2014, das Versäumnis der Regierungen Frankreichs und Deutschlands (der Garanten des

Minsk-II-Abkommens), die Ukraine zur Erfüllung ihrer Verpflichtungen zu drängen, die umfangreichen US-Rüstungslieferungen an die Ukraine während der Regierungen Trump und Biden im Vorfeld des Krieges und die Weigerung der USA, mit Putin über die NATO-Erweiterung um die Ukraine zu verhandeln.

Natürlich behauptete die NATO, dies sei alles rein defensiv und Putin habe nichts zu befürchten. Mit anderen Worten: Putin sollte die CIA-Operationen in Afghanistan und Syrien, die NATO-Bombardierung Serbiens im Jahr 1999, die NATO-Intervention in Libyen 2011, die zum Sturz Muammar al-Gaddafis führte, die zwanzig Jahre währende NATO-Besetzung Afghanistans, Bidens »Fauxpas«, als er die Absetzung Putins forderte (was natürlich überhaupt kein Fauxpas war),[14] und die Aussage von US-Verteidigungsminister Lloyd Austin, das Kriegsziel der USA in der Ukraine sei die Schwächung Russlands, einfach gar nicht zur Kenntnis nehmen.[15]

Im Zentrum all dessen steht der Versuch der USA, die Hegemonialmacht der Welt zu bleiben, indem sie ihre Militärbündnisse in der ganzen Welt ausbauen, um China und Russland zu isolieren und zu besiegen. Das ist eine gefährliche, wahnhafte und überholte Idee. Die USA haben nur 4,2 Prozent der Weltbevölkerung und nur 16 Prozent des Welt-BIP (gemessen an internationalen Preisen). Tatsächlich ist das kombinierte BIP der G7 heute geringer als das der BRICS-Staaten (Brasilien, Russland, Indien, China und Südafrika), während die G7-Bevölkerung nur sechs Prozent der Weltbevölkerung ausmacht, verglichen mit 41 Prozent in den BRICS.

Es gibt nur ein Land, dessen selbsterklärter Traum es ist, die dominierende Macht der Welt zu sein: die USA. Aber es ist an der Zeit, dass wir die wahren Quellen der Sicherheit erkennen, nämlich den inneren sozialen Zusammenhalt und die verantwortungsvolle Zusammenarbeit mit dem Rest der Welt und nicht die Illusion der Hegemonie. Mit einer solchen revidierten Außenpolitik würden die USA und ihre Verbündeten einen Krieg mit China und Russland vermeiden und die Welt in die Lage versetzen, ihre unzähligen Umwelt-, Energie-, Nahrungsmittel- und Sozialkrisen zu bewältigen.

Vor allem sollten die europäischen Staats- und Regierungschefs in dieser Zeit der extremen Gefahr die wahre Quelle der europäischen Sicherheit erkennen: Diese ist nicht die blinde Gefolgschaft hinter einer Vormachtstellung der USA, sondern eigene, europäische Sicherheitsvereinbarungen, die die Sicherheitsinteressen aller beteiligten Nationen respektieren, sicherlich auch die der Ukraine, aber ebenso die Russlands, das sich weiterhin gegen die NATO-Erweiterung ins Schwarze Meer wehrt. Europa sollte sich darauf besinnen, dass eine Nichterweiterung der NATO und die Umsetzung der Minsk-II-Vereinbarungen diesen schrecklichen Krieg in der Ukraine verhindert hätten können. Zum jetzigen Zeitpunkt ist Diplomatie, nicht militärische Eskalation, der einzige Weg zu europäischer und globaler Sicherheit.

Vor dem Krieg

Das Schlimmste in der Ukraine und Taiwan vermeiden

Dezember 2021

Zwei gefährliche Krisenherde in Europa und Asien könnten die Vereinigten Staaten, Russland und China in einen offenen Konflikt bringen. Die Krisen in der Ukraine und in Taiwan können gelöst werden, aber alle Parteien müssen die gegenseitigen Sicherheitsinteressen respektieren. Die objektive Anerkennung dieser Interessen wird die Grundlage für eine dauerhafte Deeskalation der Spannungen bilden.

Die derzeitige Ukraine-Krise ist das Ergebnis einer Übervorteilung sowohl durch Russland als auch durch die USA. Die Übervorteilung Russlands liegt in der Annexion der Krim im Jahr 2014 und der Besetzung der ukrainischen Industriegebiete in Donezk und Luhansk sowie in seinen anhaltenden Bemühungen, die Ukraine in Bezug auf Energie, Industriegüter und Märkte von Russland abhängig zu machen. Die Ukraine hat ein legitimes Interesse daran, sich enger in die Wirtschaft der Europäischen Union zu integrieren, und hat zu diesem Zweck ein Assoziierungsabkommen mit der EU unterzeichnet. Der Kreml befürchtet jedoch, dass die EU-Mitgliedschaft für die Ukraine ein Sprungbrett für den Beitritt zur NATO sein könnte.

Auch die USA haben sich zu weit vorgewagt. Im Jahr 2008 forderte die Regierung von US-Präsident George W. Bush, die

Ukraine in die NATO einzuladen, was eine direkte Nachbarschaft von russischem und NATO-Territorium entlang der fast 2 000 Kilometer langen Grenze bedeuten würde.[16] Dieser provokante Vorschlag spaltete die Verbündeten der USA, aber die NATO bestätigte dennoch, dass die Ukraine schließlich als Mitglied aufgenommen werden könnte, wobei sie darauf hinwies, dass Russland dabei kein Vetorecht hätte.[17] Als Russland 2014 die Krim gewaltsam annektierte, bestand eines seiner Ziele darin, der NATO den Zugang zu dem Marinestützpunkt und der Flotte im Schwarzen Meer zu verwehren.

Nach den öffentlichen Protokollen der Gespräche zwischen Joe Biden und Wladimir Putin im Dezember 2021 zu urteilen, steht die NATO-Erweiterung um die Ukraine weiterhin zur Debatte.[18] Obwohl Frankreich und Deutschland ihre seit Langem bestehende Drohung aufrechterhalten könnten, gegen ein solches Beitrittsgesuch ein Veto einzulegen, haben sowohl ukrainische als auch NATO-Beamte bekräftigt, dass die Entscheidung für einen Beitritt bei der Ukraine läge. Darüber hinaus hat ein hochrangiger estnischer Parlamentarier davor gewarnt, dass ein Verzicht auf das Recht der Ukraine, der NATO beizutreten, gleichbedeutend mit der Beschwichtigungspolitik Großbritanniens gegenüber Hitler im Jahr 1938 wäre.

Amerikanische Politiker, die argumentieren, dass die Ukraine das Recht hat, ihr eigenes Militärbündnis zu wählen, sollten sich jedoch auf die Geschichte ihres eigenen Landes besinnen, das eine Einmischung von außen in der westlichen Hemisphäre stets kategorisch abgelehnt hat. Diese Position wurde erstmals in der Monroe-Doktrin von 1823 zum Ausdruck gebracht und kam in der heftigen Reaktion der USA auf Fidel Castros Hinwendung zur Sowjetunion nach der kubanischen Revolution von 1959 voll zum Tragen. Damals erklärte US-Präsident Dwight D. Eisenhower, dass »Kuba der Sowjetunion als Instrument zur Untergrabung unserer Position in Lateinamerika und der Welt übergeben worden ist«.[19] Er beauftragte die CIA mit der Ausarbeitung von Plänen für eine Invasion. Das Ergebnis war das Fiasko in der Schweinebucht, das die Einleitung für die Kubakrise 1962 darstellte.

Länder können sich ihre Militärbündnisse nicht einfach aussuchen, denn solche Entscheidungen haben oft Auswirkungen auf die Sicherheit ihrer Nachbarn. Nach dem Zweiten Weltkrieg sicherten Österreich und Finnland ihre Unabhängigkeit und ihren künftigen Wohlstand, indem sie nicht der NATO beitraten, da dies den Zorn der Sowjetunion auf sich gezogen hätte. Die Ukraine sollte heute die gleiche Umsicht walten lassen.

Die Probleme in Taiwan sind ähnlich gelagert. Taiwan hat das Recht auf Frieden und Demokratie im Einklang mit dem Konzept der Ein-China-Politik, die seit den Tagen von Richard Nixon und Mao Zedong das Fundament der Beziehungen Chinas zu den USA bildet. Die USA warnen China zu Recht vor einseitigen Militäraktionen gegen Taiwan, da dies die globale Sicherheit und die Weltwirtschaft gefährden würde. Doch so wie die Ukraine nicht das Recht hat, der NATO beizutreten, hat Taiwan nicht das Recht, sich von China abzuspalten.

In den letzten Jahren haben jedoch einige taiwanesische Politiker mit der Ausrufung der Unabhängigkeit geliebäugelt, und einige US-Politiker haben sich Freiheiten mit dem Ein-China-Prinzip genommen. Der designierte US-Präsident Donald Trump leitete im Dezember 2016 den Rückzug der USA ein, als er sagte: »Ich verstehe die Ein-China-Politik voll und ganz, aber ich weiß nicht, warum wir an eine Ein-China-Politik gebunden sein müssen, wenn wir nicht mit China ein Abkommen über andere Dinge, einschließlich des Handels, schließen.«[20]

Dann nahm Präsident Joe Biden Taiwan provokativ in seinen Gipfel für Demokratie im Dezember 2021 auf,[21] nachdem sich US-Außenminister Antony Blinken kürzlich für eine »robuste Beteiligung« Taiwans am System der Vereinten Nationen ausgesprochen hatte.[22] Solche Aktionen haben die Spannungen mit China erheblich verschärft.

Auch hier sollten die US-Sicherheitsanalytiker, die argumentieren, dass Taiwan das Recht hat, seine Unabhängigkeit zu erklären, über ihre eigene Geschichte nachdenken. Die USA haben einen Bürgerkrieg über die Legitimität der Sezession geführt, und die Sezessionisten haben verloren. Die US-Regierung würde eine chinesische Unterstützung für eine Sezessionsbewegung, beispielsweise in Kalifornien, nicht tolerieren (ebenso wenig wie europäische Länder, ein gutes Beispiel hierbei ist Spanien, das im Baskenland und in Katalonien genau diese Erfahrung machen musste).

Die Risiken einer militärischen Eskalation wegen Taiwan werden durch die jüngste Ankündigung von NATO-Generalsekretär Jens Stoltenberg, dass die künftige Ausrichtung des Bündnisses auch die Bekämpfung Chinas umfassen wird, noch verstärkt.[23] Ein Bündnis, das zur Verteidigung Westeuropas gegen die Invasion einer inzwischen untergegangenen europäischen Macht gegründet wurde, sollte nicht zu einem Angriffsbündnis unter Führung der USA umfunktioniert werden.

Die Krisen in der Ukraine und in Taiwan lassen sich friedlich und ohne Umschweife lösen. Die NATO sollte die Mitgliedschaft der Ukraine vom Tisch nehmen, und Russland sollte auf eine Invasion verzichten. Der Ukraine sollte es freistehen, ihre Handelspolitik so auszurichten, wie sie es für richtig hält, vorausgesetzt, sie hält sich an die Grundsätze der Welthandelsorganisation.

Ebenso sollten die USA noch einmal deutlich machen, dass sie die Abspaltung Taiwans entschieden ablehnen und nicht das Ziel verfolgen, China »einzudämmen«, insbesondere durch eine Neuausrichtung der NATO. China seinerseits sollte auf einseitige Militäraktionen gegen Taiwan verzichten und das Zwei-System-Prinzip bekräftigen, das viele Taiwaner nach dem harten Durchgreifen in Hongkong als unmittelbar bedroht ansehen.

Keine globale Friedensstruktur kann stabil und sicher sein, wenn nicht alle Parteien die legitimen Sicherheitsinteressen der anderen anerkennen. Der beste Weg für die Großmächte, dies zu erreichen, ist, den Weg des gegenseitigen Verständnisses und der Deeskalation in der Ukraine und Taiwan zu wählen.

Wie kann die Souveränität der Ukraine geschützt werden?

Februar 2022

Die westlichen Freunde der Ukraine behaupten, sie würden das Land schützen, indem sie sein Recht auf einen NATO-Beitritt verteidigen. Das Gegenteil ist der Fall. Indem sie ein theoretisches Recht verteidigen, gefährden sie die Sicherheit der Ukraine, indem sie die Wahrscheinlichkeit einer russischen Invasion erhöhen. Die Unabhängigkeit der Ukraine ließe sich weitaus wirksamer verteidigen, wenn mit Russland ein diplomatisches Abkommen geschlossen würde, das die Souveränität der Ukraine als Nicht-NATO-Land garantiert, ähnlich wie bei Österreich, Finnland und Schweden (allesamt Mitglieder der Europäischen Union, aber nicht der NATO).

Konkret würde Russland versprechen, seine Truppen aus der Ostukraine abzuziehen und sich in der Nähe der ukrainischen Grenze zu demobilisieren, und die NATO würde auf eine Erweiterung um die Ukraine verzichten, sofern Russland die Souveränität der Ukraine respektiert und die Ukraine die russischen Sicherheitsinteressen achtet. Eine solche Vereinbarung ist möglich, weil sie im Interesse beider Seiten liegt.

Die Befürworter einer ukrainischen Mitgliedschaft in der NATO halten eine solche Vereinbarung freilich für naiv. Sie verweisen darauf, dass Russland 2014 in die Ukraine einmarschiert ist und die Krim annektiert hat und dass die aktuelle Krise entstanden ist, weil Russland mehr als 100 000 Soldaten an der ukrainischen Grenze zusammengezogen hat und mit einer erneuten Invasion droht. Der Kreml hat mit der Invasion von 2014 gegen die Bedingungen des Budapester Memorandums von 1994 verstoßen, in dem Russland versprochen hatte, die Unabhängigkeit und Souveränität der Ukraine (einschließlich der Krim) zu respektieren, wenn die Ukraine im Gegenzug das massive Atomwaffenarsenal abgäbe, das sie nach dem Zusammenbruch der Sowjetunion geerbt hatte.[24]

Dennoch ist es möglich, dass Russland eine neutrale Ukraine akzeptieren und respektieren würde. Ein Angebot, bei dem die Ukraine diesen Status erlangt, stand aber nie zur Debatte. Im Jahr 2008 schlugen die Vereinigten Staaten vor, die Ukraine (und Georgien) zum NATO-Beitritt einzuladen, und dieser Vorschlag hing seitdem wie ein Damoklesschwert über der Region. Da die Regierungen Frankreichs, Deutschlands und vieler anderer europäischer Staaten den Schritt der USA als Provokation für Russland betrachteten, verhinderten sie, dass das Bündnis eine sofortige Einladung an die Ukraine aussprach; in einer gemeinsamen Erklärung mit der Ukraine stellten die Staats- und Regierungschefs der NATO jedoch klar, dass die Ukraine »Mitglied der NATO werden wird«.[25]

Aus der Sicht des Kremls würde die Präsenz der NATO in der Ukraine eine direkte Bedrohung für die Sicherheit Russlands darstellen. Ein Großteil der sowjetischen Staatskunst war darauf ausgerichtet, einen geografischen Puffer zwischen Russland und den westlichen Mächten zu schaffen. Seit dem Zusammenbruch der Sowjetunion hat sich Russland vehement gegen die Erweiterung der NATO auf den ehemaligen

Sowjetblock ausgesprochen. Putins Argumentation mag eine Fortsetzung der Mentalität des Kalten Krieges widerspiegeln, aber diese Mentalität ist auch aufseiten der NATO weiterhin dominant.

Der Kalte Krieg war durch eine Reihe lokaler und regionaler Stellvertreterkriege gekennzeichnet, in denen es darum ging, ein für die eigene Seite günstiges Regime zu installieren. Das Schlachtfeld wechselte zwar weltweit – von Südost- und Zentralasien nach Afrika, in die westliche Hemisphäre und in den Nahen Osten –, aber blutig war es immer.

Aber seit 1992 wurden die meisten Kriege zur Herbeiführung eines Regimewechsels von den USA direkt geführt oder unterstützt, da sie sich nach dem Zusammenbruch der Sowjetunion als einzige Supermacht sahen. NATO-Truppen bombardierten 1995 Bosnien und 1999 Belgrad, fielen 2001 in Afghanistan ein und intervenierten 2011 in Libyen. Die USA marschierten 2003 in den Irak ein und unterstützten 2014 offen die Proteste in der Ukraine, die zum Sturz des prorussischen Präsidenten Wiktor Janukowytsch führten.[26]

Natürlich hat auch Russland Regimewechsel angestrebt. Im Jahr 2004 mischte es sich in der Ukraine ein, um Janukowytsch durch Einschüchterung von Wählern und Wahlbetrug zu unterstützen. Diese Maßnahmen wurden schließlich durch Widerstand der ukrainischen Institutionen und Massenproteste verhindert. Russland setzt auch weiterhin befreundete Regime in seiner näheren Umgebung ein oder stützt sie, wie zuletzt in Kasachstan und Weißrussland (das nun vollständig unter Putins Kontrolle steht).

Die gegenseitige Feindseligkeit und das Misstrauen zwischen Russland und dem Westen haben jedoch einen sehr alten Stammbaum. Im Laufe seiner Geschichte hat Russland immer wieder Invasionen aus dem Westen befürchten und erdulden müssen, während die Europäer immer wieder Expansionsbestrebungen Russlands aus dem Osten zu spüren bekamen. Es war eine lange, traurige und blutige Geschichte.

Mit staatsmännischem Geschick auf beiden Seiten hätte diese historische Feindseligkeit nach dem Untergang der Sowjetunion abgetragen werden können – und müssen. Das war in der ersten Hälfte der 1990er Jahre möglich, aber die Gelegenheit wurde vertan. Der Beginn der NATO-Erweiterung spielte dabei eine nicht zu unterschätzende Rolle. George F. Kennan, der langjährige Diplomat und Historiker der amerikanisch-sowjetischen Beziehungen, war 1998 ebenso vorausschauend wie pessimistisch: »Ich glaube, dass [die NATO-Erweiterung] der Beginn eines neuen Kalten Krieges ist«, sagte er. »Ich denke, dass die Russen allmählich ziemlich negativ reagieren werden und dass dies ihre Politik beeinflussen wird. Ich halte das für einen tragischen Fehler.«[27] William Perry, der US-Verteidigungsminister von 1994 bis 1997, stimmte dem zu und erwog sogar, wegen dieser Politik aus der Regierung von Präsident Bill Clinton auszutreten.[28]

Keine der beiden Seiten kann zu diesem Zeitpunkt ihre Unschuld beteuern. Anstatt so zu tun, als sei die eine Seite ein Heiliger und die andere ein Sünder, sollte man sich lieber auf das konzentrieren, was nötig ist, um Sicherheit für beide Seiten und die ganze Welt zu erreichen. Die Geschichte lehrt uns, dass es am besten ist, die russischen und die NATO-Streitkräfte geografisch getrennt zu halten, anstatt sie sich direkt an einer Grenze gegenüberzustellen. Die Unsicherheit in Europa und in der Welt war am größten, als sich amerikanische und sowjetische Streitkräfte auf kurze Distanz gegenüberstanden – 1961 in Berlin und 1962 auf Kuba. Unter diesen erschütternden, weltbedrohenden Umständen diente der Bau der Berliner Mauer als Stabilisator, wenn auch auf eine sehr tragische Weise.

Heute sollten wir uns in erster Linie um die Souveränität der Ukraine und den Frieden in Europa und der Welt sorgen, nicht um die Präsenz der NATO in der Ukraine und schon gar nicht um eine neue Mauer. Die Ukraine selbst wäre viel sicherer, wenn die NATO ihre Osterweiterung stoppen würde und Russland sich im Gegenzug aus der Ostukraine zurückziehen und seine Streitkräfte entlang der ukrainischen Grenze demobilisieren würde. Diplomatie in diesem Sinne, unterstützt durch die EU und die Vereinten Nationen, ist dringend erforderlich.

Die USA sollten Kompromisse bei der Nato eingehen, um die Ukraine zu retten

21. Februar 2022
(drei Tage vor dem russischen Angriff auf die Ukraine)
Falls es US-Präsident Joe Biden gelingt, mit seinem russischen Amtskollegen Wladimir Putin ein Gipfeltreffen zur Ukraine abzuhalten, wie sollte er vorgehen?

Biden hat wiederholt erklärt, dass die USA für diplomatische Gespräche mit Russland offen sind, aber in der Frage, die Moskau am meisten betont hat – die NATO-Erweiterung –, hat es keinerlei amerikanische Diplomatie gegeben. Putin hat die USA wiederholt aufgefordert, auf die NATO-Erweiterung auf die Ukraine zu verzichten, während Biden wiederholt beteuert hat, dass die Mitgliedschaft in dem Bündnis die Entscheidung der Ukraine sei.

Sollte es in den kommenden Tagen zu einem Gipfel kommen, sollten die USA bei dem für diese Woche geplanten Treffen zwischen US-Außenminister Antony Blinken und dem russischen Außenminister Sergei Lawrow eine Garantie vorschlagen, dass die NATO nicht um die Ukraine erweitert wird, wenn im Gegenzug die russischen Streitkräfte vollständig aus dem Donbass abgezogen werden, die russische Unterstützung für die Unabhängigkeit der beiden von Moskau unterstützten Separatistenregionen in der Ostukraine eingestellt wird, die

Demobilisierung entlang der russisch-ukrainischen Grenze erfolgt und die ukrainische Souveränität gewährleistet wird. Wenn die USA dies nicht tun wollen, sollten Frankreich und Deutschland einspringen.

Dies würde unweigerlich den Vorwurf der Beschwichtigung hervorrufen. Viele beharren darauf, dass die NATO-Erweiterung für Putin nicht das eigentliche Thema ist und dass er schlicht und einfach das russische Imperium wiederherstellen will. Alles andere, einschließlich der NATO-Debatte, sei nur ein Ablenkungsmanöver.

Das ist ein völliger Irrtum. Russland lehnt die NATO-Osterweiterung seit dreißig Jahren entschieden ab, zuerst unter Boris Jelzin und jetzt unter Putin. Davor war auch die Sowjetunion natürlich ebenfalls gegen die Erweiterung der NATO eingestellt. Und das ist leicht zu verstehen. Die USA wären nicht sehr glücklich, wenn Mexiko einem von China geführten Militärbündnis beitreten würde, und sie waren auch nicht zufrieden, als Fidel Castros Kuba sich vor sechzig Jahren mit der UdSSR verbündete.

Weder die USA noch Russland wollen das Militär des anderen vor der eigenen Haustür haben. Die Zusage, die NATO nicht zu erweitern, ist kein Appeasement. Dies bedeutet keine Abtretung ukrainischen Territoriums und untergräbt nicht die Souveränität der Ukraine, sondern würde vielmehr dazu beitragen, sie zu sichern. Die Ukraine sollte danach streben, den Nicht-NATO-Mitgliedern der EU zu ähneln: Österreich, Zypern, Finnland, Irland, Malta und Schweden.

Die Amerikaner können viel aus der Kubakrise von 1962 lernen. Wie der Historiker Martin Sherwin in seinem Buch *Gambling with Armageddon* zeigt, wurde die Krise durch einen geschickten Kompromiss gelöst. Die Sowjetunion erklärte sich bereit, ihre Raketen aus Kuba abzuziehen, während die USA zustimmten, ihre Raketen aus der Türkei zu entfernen. Die amerikanische Öffentlichkeit hat dies leider nie gewürdigt, weil Präsident John F. Kennedy darauf bestand, den Abzug der US-Raketen aus der Türkei geheim zu halten. Er wollte nicht den Anschein erwecken, für die gesamte NATO zu sprechen, und wollte sich vor dem Vorwurf der Beschwichtigung vonseiten der amerikanischen Rechten schützen. Die Öffentlichkeit glaubte daher, dass die Krise mit der Kapitulation der Sowjetunion und nicht mit einem Kompromiss endete.

Trotz gegenteiliger Behauptungen versicherten die westlichen Staaten der Sowjetunion informell, dass die NATO nach der deutschen Wiedervereinigung nicht nach Osten erweitert werden würde.[29] Die USA und ihre Verbündeten handelten betrügerisch und behaupteten mit sophistischen Argumenten, dass frühere Zusagen nicht bindend gewesen seien. Besonders leichtsinnig war es, als Präsident George W. Bush 2008 die Tür für die NATO-Mitgliedschaft der Ukraine (und Georgiens) öffnete.

Biden und das außenpolitische Establishment der USA haben sich bisher aus drei Gründen geweigert, ihre NATO-Politik zu überdenken. Erstens fürchten sie den Vorwurf der Beschwichtigung. Zweitens wollen sie das Vorrecht haben, ihr Militär in jedem Land zu stationieren, das es haben will – selbst, wenn dadurch die legitimen Sicherheitsbedenken der Nachbarstaaten missachtet werden. Und drittens wurde seitens der USA lange versäumt, berechtigte russische Sicherheitsbedenken anzuerkennen, die auf den Zweiten Weltkrieg und sogar noch früher zurückgehen – man handelt hier in gewisser Weise mittlerweile also fast aus Gewohnheit.

Russland hat lange Zeit Invasionen aus dem Westen gefürchtet, sei es durch Napoleon, Hitler oder zuletzt durch die NATO. Aus diesem Grund argumentierten kühlere und weisere US-Außenpolitiker, darunter Bill Clintons Verteidigungsminister William Perry, der große Staatsmann und Diplomat George Kennan und der ehemalige Botschafter in der Sowjetunion, Jack Matlock, dass die NATO-Osterweiterung nach dem Ende des Kalten Kriegs unnötig, rücksichtslos und provokativ sei.

Sollte es zu einem Krieg kommen, würde Putin natürlich die Schuld und weltweite Schande auf sich nehmen. Russlands Drohungen sind rücksichtslos und gefährlich. Doch so fehlgeleitet die russischen Aktionen sind, so unnachgiebig ist auch die amerikanische Haltung in Bezug auf die NATO-Erweiterung, die völlig fehlgeleitet und riskant ist. Wahre Freunde der Ukraine und des Weltfriedens sollten einen Kompromiss zwischen den USA und der Nato und Russland fordern – einen Kompromiss, der die legitimen Sicherheitsinteressen Russlands respektiert und gleichzeitig die Souveränität der Ukraine voll unterstützt.

Direkt nach Kriegsbeginn

Diplomatie bleibt die einzige Option in der Ukraine

März 2022

Wladimir Putins Krieg gegen die Ukraine ist grausam und barbarisch. Dennoch könnte er mit einer diplomatischen Lösung beendet werden, bei der Russland seine Streitkräfte im Gegenzug für die Neutralität der Ukraine abzieht. In seinem jüngsten Telefonat mit dem französischen Präsidenten Emmanuel Macron signalisierte Putin seine Offenheit für diese Möglichkeit: »Es geht in erster Linie um die Entmilitarisierung und Neutralität der Ukraine, um sicherzustellen, dass die Ukraine niemals eine Bedrohung für Russland darstellen wird.«[30] In die Tat umgesetzt könnte dies bedeuten, dass der Westen auf die künftige Mitgliedschaft der Ukraine im Bündnis verzichten würde, wenn Russland sich sofort aus der Ukraine zurückzieht und von zukünftigen Angriffen absieht.

Bei einer diplomatischen Lösung würde keine Partei alles bekommen, was sie will. Putin könnte sein russisches Imperium nicht wiederherstellen, und die Ukraine könnte nicht der NATO beitreten. Die Vereinigten Staaten wären gezwungen, die Grenzen ihrer Macht in einer multipolaren Welt zu akzeptieren (was ebenso auch für China gelten würde).

Natürlich passt ein diplomatischer Kompromiss nicht zur derzeitigen Stimmung. Die Welt ist entsetzt über die Brutalität Russlands und bewegt vom heldenhaften Widerstand des ukrainischen Volkes. Doch das Überleben der Ukraine (und möglicherweise sogar der Welt) hängt letztlich davon ab, dass die Besonnenheit über den rechtschaffenen Heldenmut siegt. Die Ukraine fordert mehr Kampfflugzeuge, mehr schwere Waffen und eine NATO-Flugverbotszone. Jeder dieser Schritte würde das Risiko einer direkten Konfrontation zwischen Russland und der NATO erhöhen, was schnell zu einem nuklearen Showdown eskalieren könnte.

Das Ziel der europäischen und amerikanischen Führung besteht darin, Russland wirtschaftlich zu zerschlagen, um entschieden zu beweisen, dass sich solche Barbarei nicht lohnt. Aus dieser Perspektive erscheint ein Kompromiss wie ein Beschwichtigungsversuch, doch ein wirklicher Kompromiss würde darin bestehen, die Ukraine zu retten, und nicht darin, sie abzutreten. Ein Wirtschaftskrieg birgt auch tiefgreifende Risiken. Die globalen Verwerfungen werden enorm sein, und die Forderungen, über den Wirtschaftskrieg hinaus zu einer militärischen Reaktion überzugehen, werden zwangsläufig steigen. In der Zwischenzeit werden die Kämpfe weitergehen, was zu massivem Blutvergießen und am Ende wahrscheinlich zu einer russischen Besetzung führen wird.

Die Diplomatie kann selbst in den schärfsten Konfrontationen funktionieren und ist für die Beilegung von Streitigkeiten zwischen Großmächten im Atomzeitalter unerlässlich. Die Kubakrise ist ein gutes Beispiel dafür. Unabhängig davon, ob man dafür die USA verantwortlich macht, weil diese 1961 eine Invasion Kubas unterstützten, oder die Sowjetunion, weil sie 1962 dort Atomwaffen stationiert hatte, brachte der Konflikt die Welt an den Rand eines nuklearen Armageddon.

Am Ende wurde die Krise durch Diplomatie und Kompromisse entschärft, nicht durch einen einseitigen Sieg. US-Präsident John F. Kennedy stimmte dem Abzug der US-Raketen aus der Türkei zu und verpflichtete sich, nie wieder in Kuba einzumarschieren, während der sowjetische Premierminister Nikita Chruschtschow dem Abzug der sowjetischen Raketen von der Insel zustimmte. Die Welt hatte Glück. Wie der Historiker Martin Sherwin später aufzeigte, wäre es fast zu einem Atomkrieg zwischen den beiden Mächten gekommen, obwohl Kennedy und Chruschtschow sich beide bemühten, ihn zu vermeiden.[31]

Als Reaktion auf Putins Krieg setzten die USA und Europa rasch eine beeindruckende Palette wirtschaftlicher Maßnahmen ein, um Russland vom globalen Handel und Finanzwesen abzuschneiden. Dazu gehörten das Einfrieren der russischen Zentralbankreserven und anderer privater Vermögenskonten, die Beschlagnahmung von Jachten, die Unterbrechung des Technologietransfers, die Einstellung des Versicherungsschutzes und das »Delisting« russischer Wertpapiere (die Entfernung von Aktien eines Unternehmens oder eines Landes von der Börse, Anm. d. Übers.). Aber solche Sanktionen schrecken selten ab, geschweige denn bringen sie ein rücksichtsloses Regime zu Fall. Die USA haben mit ähnlichen Maßnahmen versucht, den venezolanischen Präsidenten Nicolás Maduro zu stürzen, konnten aber nur die Wirtschaft lahmlegen. Nach Angaben des Internationalen Währungsfonds ist das Pro-Kopf-BIP Venezuelas zwischen 2017 und 2021 um mehr als sechzig Prozent gesunken,[32] doch Maduro bleibt an der Macht (und wird nun von den USA umworben, damit Venezuela mehr Öl fördert).[33] Auch im Iran und in Nordkorea haben US-Sanktionen die Regime nicht stürzen können.

Darüber hinaus werden die Russland-Sanktionen mit der Zeit wahrscheinlich an Wirkung verlieren. Nachdem sie kurzfristig weltweit enormen Schaden angerichtet haben – die Ölpreise sind in die Höhe geschnellt und wichtige Rohstoffversorgungsketten wurden unterbrochen –, werden sie Russland zahllose Arbitragemöglichkeiten eröffnen, um seine wertvollen Rohstoffe an Unternehmen zu verkaufen, die nicht unter die US-Sanktionen fallen. China und andere Länder werden nicht daran interessiert sein, ein Sanktionsregime durchzusetzen, das als Nächstes gegen sie angewendet werden könnte. Russland wird also nicht so isoliert sein, wie die USA und Europa zu glauben scheinen. Nach dem anfänglichen Schock der neuen Sanktionen werden sich seine Handelsmöglichkeiten wahrscheinlich vergrößern, nicht verkleinern.

Zusätzlich zu den Wirtschaftssanktionen liefern die USA und Europa auch Waffen in die Ukraine. Auch hier ist es sehr unwahrscheinlich, dass dies eine russische Besetzung verhindern kann, aber es macht es wahrscheinlicher, dass die Ukraine zu einem weiteren ewigen Schlachtfeld wird, so wie Afghanistan, Libyen und Syrien vor ihr. Noch bedrohlicher ist die Gefahr einer direkten militärischen Konfrontation zwischen Russland und der NATO, die durch den Zustrom von Waffen in die Ukraine erhöht wird. Während Afghanistan, Libyen und Syrien keine Atomwaffen besaßen, verfügt Russland über fast 6 000, von denen schätzungsweise 1 600 aktiv und einsatzbereit sind.[34]

Die Diplomatie könnte durchaus scheitern. Das heißt aber nicht, dass sie nicht einen Versuch wert ist. Wie Kennedy bekanntlich erklärte: »Wir sollten niemals aus Angst verhandeln. Aber lasst uns nie Angst davor haben, zu verhandeln«.[35] Dieses

Gefühl hat die Welt 1962 gerettet, und es könnte sie auch jetzt wieder retten.

Russlandbeobachter sind sich über Putins wahre Motive uneins. Viele glauben, dass er vor nichts zurückschrecken wird, um das Russische Reich wiederherzustellen. Wenn dem so ist, dann möge Gott uns helfen. Andere glauben, dass er darauf abzielt, die Demokratie in der Ukraine zu zerstören und ihre Wirtschaft zu ersticken, damit das Land nicht zu einer Verlockung für das russische Volk werden kann. Wieder andere argumentieren, dass Putins lautstarker Widerstand gegen die NATO-Erweiterung – und gegen die politische Einmischung der USA in der Ukraine (einschließlich ihrer Unterstützung des Aufstands gegen den prorussischen ukrainischen Präsidenten Wiktor Janukowytsch im Jahr 2014) – echt ist.[36]

Es ist an der Zeit, gerade diese letzte Möglichkeit zu überprüfen. Was, wenn die ukrainische Neutralität wirklich der Schlüssel zum Frieden ist? Die Fortsetzung der Diplomatie ist keine Beschwichtigung, sondern Klugheit und könnte die Ukraine und die Welt vor einer Katastrophe bewahren.

Zeit für Friedensverhandlungen mit Russland

März 2022

Am 7. März 2022 erklärte Russland drei Ziele für seinen Einmarsch in die Ukraine: die offizielle ukrainische Neutralität, die Anerkennung der russischen Souveränität über die Krim und die Anerkennung der Unabhängigkeit der prorussischen Separatistengebiete in Luhansk und Donezk.[37] Die Vereinigten Staaten und die NATO haben sich nicht öffentlich zu einer endgültigen diplomatischen Lösung geäußert, und da die Regierung von Präsident Wolodymyr Selenskyj sich auf die Aufrechterhaltung der nationalen Einheit und den bewaffneten Widerstand gegen Russland konzentriert, hat die Ukraine ihre Positionen öffentlich nur bruchstückhaft und etwas widersprüchlich dargelegt. Selenskyj sollte jedoch in Absprache mit den USA und Europa, die die Kriegsführungsfähigkeit der Ukraine unterstützen, darlegen, wie eine vernünftige Friedensregelung aussehen würde.

Meiner Meinung nach sollte die ukrainische Regierung Folgendes zum Ausdruck bringen: Erstens ist die ukrainische Neutralität nicht nur akzeptabel, sondern auch klug, wenn die ausgehandelte Friedensregelung ausreichende Sicherheitsgarantien bietet. Die Neutralität wird dazu beitragen, die NATO und Russland voneinander zu trennen – ein positives Ergebnis für alle Parteien und für die Welt. Die Ukraine kann als Nicht-NATO-Land gedeihen, so wie es Österreich, Zypern, Irland, Malta, Finnland und Schweden tun. Aber wer würde diese Neutralität garantieren? Meiner Meinung nach sollte der UN-Sicherheitsrat dies tun, auch durch die Entsendung einer internationalen Friedenstruppe. Die Einbindung Chinas in dieses Abkommen wäre stabilisierend. China wird durch diesen Krieg geschädigt, stimmt aber mit Russlands Widerstand gegen die NATO-Erweiterung überein und lehnt eine ähnliche Bündnispolitik unter Führung der USA in Asien ab.[38] Meiner Einschätzung nach würde China daher ein Friedensabkommen, das mit einer Nichterweiterung der NATO verbunden ist, unterstützen und Russland höchstwahrscheinlich dazu ermutigen, es zu akzeptieren.

Zweitens wird die Krim de facto an Russland abgetreten, aber nicht de jure. Jeder kennt die komplizierte Geschichte dieser Frage und weiß, dass die Krim für die russische Seemacht von zentraler Bedeutung ist.[39] Die Ukraine und der Westen sollten sich darauf einigen, den Status quo der russischen Kontrolle über die Krim beizubehalten, obwohl sie wahrscheinlich immer noch behaupten würden, dass die Beschlagnahmung der Halbinsel im Jahr 2014 illegal war. Die Krim würde zu einem »eingefrorenen« Konflikt werden, wie viele andere in der Welt, aber nicht mehr zu einem *casus belli*.

Drittens sollte die Ukraine einer Autonomie für die abtrünnigen Donbass-Regionen zustimmen, wie sie in der Minsk-II-Vereinbarung von 2015 vorgesehen ist, und gleichzeitig Forderungen nach völliger Unabhängigkeit zurückweisen.[40] Die Autonomie hätte bis Ende 2015 in die ukrainische Verfassung aufgenommen werden sollen, aber die Minsk-II-Vereinbarung wurde nicht umgesetzt. Der Autonomiestatus kann immer noch die Grundlage für eine Lösung der regionalen Fragen bilden.

Um den Friedensprozess zu beschleunigen und die öffentliche Unterstützung in den USA und Europa aufrechtzuerhalten, ist es wichtig, dass die Regierung Selenskyj, die mit den USA und Europa in engem Austausch steht, klare und vernünftige Positionen bezieht. Einige Experten und Politiker in Kiew, Washington, Brüssel, Warschau und anderswo sprechen sich jedoch vehement gegen ein Abkommen in der hier vorgeschlagenen Richtung aus. Sie fordern die Ukraine vielmehr auf, niemals auf Forderungen nach Neutralität einzugehen, da dies einer Kapitulation gleichkäme. Und sie glauben an einen Sieg über Putin, nicht an Diplomatie – eine Überzeugung, die auch US-Präsident Joe Biden in seiner jüngsten Rede in Warschau zum Ausdruck brachte.[41]

Dieser Ansatz ist ein großer Fehler, denn er öffnet die Möglichkeit eines potenziell für immer andauernden Krieges. Biden sprach von der Notwendigkeit, »uns für einen langen Kampf zu wappnen«. Aber ein solcher Kampf könnte die Ukraine in Trümmern liegen lassen und einen viel größeren Krieg auslösen. Stattdessen würden die Ukraine und ihre Unterstützer den Krieg beenden, wenn sie sich öffentlich zur Neutralität verpflichteten. Die Vorstellung, die Zeit sei auf der Seite der Ukraine, ist eine naive Annahme, die schnell gefährlich werden kann.

Es ist äußerst unwahrscheinlich, dass Putin in der Ukraine bald besiegt wird; die russischen Streitkräfte scheinen ihren Einfluss im Donbass eher zu verstärken.[42] Auch die Hoffnung, dass Putin bald gestürzt wird, was vielleicht einige in der US-

Regierung gerne glauben möchten, ist eine wilde und gefährliche Spekulation und keine Grundlage für die Politik. Putin hat mehr als genug Feuerkraft, um die Ukraine – und vieles andere – zu zerstören, und wahrscheinlich auch genug Durchhaltevermögen, um dies durchzuziehen. Der kleinste Bruchteil des russischen Atomwaffenarsenals würde, wenn er zum Einsatz käme, die Welt über Jahrzehnte hinweg unbewohnbar machen und möglicherweise zum Ende der Menschheit führen.

Dennoch glauben einige, dass die größere Gefahr in einem Kompromiss mit einem mörderischen, expansionistischen Gegner liegt. Sie verweisen auf die territorialen Zugeständnisse an Hitler im Jahr 1938, die diesen nur ermutigten, noch mehr zu erobern. Doch anders als die Zustimmung des Westens zur Zerstückelung der Tschechoslowakei in München würde eine diplomatische Lösung in der Ukraine nicht auf einseitige Zugeständnisse im Namen des Friedens hinauslaufen.[43] Eine solche Lösung sollte einen vollständigen Rückzug Russlands aus der Ukraine, eine glaubwürdige Garantie für die ukrainische Souveränität und territoriale Integrität sowie eine Umsetzung von Autonomiemaßnahmen für den Donbass nach den zuvor vereinbarten Grundsätzen bedeuten. Am wichtigsten ist jedoch der Umstand, dass die Nichterweiterung der NATO kein Zugeständnis darstellt, denn diese hätte ohnehin nie zur Debatte stehen dürfen. Ihre Abschaffung könnte letztlich zu einem viel klügeren allgemeinen Sicherheitsrahmen für Europa führen.

Ein solches Abkommen sollte auch die Mittel für den Wiederaufbau der Ukraine nach dem Krieg beinhalten. Im Allgemeinen wurden Länder (einschließlich der USA) bisher nicht für den Wiederaufbau dessen verantwortlich gemacht, was sie unbekümmert in Schutt und Asche gelegt haben; es ist jedoch ein guter Grundsatz, dass Russland in erheblichem Maße für den Wiederaufbau der Ukraine zahlen sollte. Dabei sollte es sich nicht um Reparationen im eigentlichen Sinne handeln, sondern um die Beteiligung Russlands an einem multilateralen Finanzierungsmechanismus – der Internationale Währungsfonds wäre ein guter Ort, um eine solche Einrichtung unterzubringen. Im Rahmen des Friedensabkommens sollte sich Russland bereit erklären, einen Teil seiner eingefrorenen Währungsreserven als Teil der Aufhebung der Sanktionen zur Verfügung zu stellen.[44] Auch die USA und Europa sollten einen Teil ihrer neu zugeteilten IWF-Sonderziehungsrechte (das Reserveaktivum des Fonds) in den Wiederaufbaufonds einfließen lassen.

Weder die Ukraine noch die NATO sollten ihre Politik auf die vage und unwahrscheinliche Prämisse stützen, Russland zu besiegen. Die Ukraine könnte durchaus voll und ganz zerstört werden, bevor dies geschieht, und wenn sich die militärischen Aussichten wirklich gegen Putin wenden, könnte er einen Atomkrieg entfesseln. Aus all diesen Gründen ist es für die Ukraine und die NATO von entscheidender Bedeutung, jetzt schlüssige, umsichtige und vernünftige Friedensbedingungen zu formulieren. Je früher solche Bedingungen vereinbart werden, desto wahrscheinlicher ist es, dass wir den Weg zum dritten Weltkrieg vermeiden.

Ein Verhandlungsfrieden ist der einzige Weg, Russlands Krieg gegen die Ukraine zu beenden

April 2022

Die zweigleisige Strategie der USA, der Ukraine bei der Überwindung der russischen Invasion zu helfen, indem sie harte Sanktionen verhängen und das ukrainische Militär mit hochentwickelten Rüstungsgütern versorgen, wird wahrscheinlich scheitern. Was wir brauchen, ist ein Friedensabkommen, am besten so bald wie möglich. Um ein solches Abkommen zu erreichen, müssen die Vereinigten Staaten jedoch Kompromisse in Bezug auf die NATO eingehen, was Washington bisher abgelehnt hat.

Putin hat den Krieg in der Ukraine ausgelöst und erklärt, dass die Verhandlungen in eine Sackgasse geraten sind, ohne sie jedoch in Zukunft auszuschließen. Bevor der Krieg begann, legte er dem Westen eine Liste von Forderungen vor, darunter vor allem einen Stopp der NATO-Erweiterung. Die USA waren ausdrücklich nicht bereit, über diesen Punkt zu verhandeln. Jetzt wäre ein guter Zeitpunkt, diese Politik zu überdenken. Auch Putin müsste seine Bereitschaft zu Zugeständnissen zeigen, damit die Verhandlungen zum Erfolg führen.

Bidens Ansatz der Aufrüstung und Sanktionen mag in der Echokammer der öffentlichen Meinung in den USA überzeugend klingen, aber auf der globalen Bühne funktioniert er nicht wirklich. Im Rest der Welt genießt er wenig Unterstützung und könnte schließlich auch innerhalb der USA und Europas auf politische Gegenreaktionen stoßen.[45]

Für jeden, der mit den russischen Kriegsanstrengungen und den Gräueln, die sie über die Zivilbevölkerung gebracht haben, vertraut ist, mag es offensichtlich erscheinen, dass diese Handlungen Russland weltweit in den Status eines Parias versetzen würden. Aber das ist nicht der Fall: Vor allem die Entwicklungsländer haben sich geweigert, sich der Isolationskampagne des Westens anzuschließen, wie die im April 2022 von den USA angeführte Abstimmung über den Ausschluss Russlands aus dem UN-Menschenrechtsrat zeigte. Zwar unterstützten 93 Länder diesen Schritt, aber 100 andere Länder taten dies nicht (24 waren dagegen, 58 enthielten sich der Stimme, und 18 nahmen nicht an der Abstimmung teil).[46] Noch bemerkenswerter ist, dass in diesen 100 Ländern 76 Prozent der Weltbevölkerung leben. Die Länder, die gegen den Antrag stimmten, mögen auch durchaus nichtideologische Gründe für ihre Ablehnung gehabt haben, beispielsweise Handelsbeziehungen mit Russland. Tatsache bleibt jedoch, dass ein Großteil der Welt eine Isolierung Moskaus abgelehnt hat, insbesondere in dem von Washington gewünschten Ausmaß.

Sanktionen sind ein wichtiger Teil der US-Strategie. Sie werden Russland wahrscheinlich nicht besiegen, aber sie werden wahrscheinlich hohe Kosten in der Welt verursachen. Bestenfalls können sie Russland zu einem Friedensabkommen drängen und sollten daher in Verbindung mit intensiven Bemühungen um einen Verhandlungsfrieden eingesetzt werden.

Es gibt unzählige Probleme mit Wirtschaftssanktionen. Zum einen, selbst wenn die Sanktionen Russland in wirtschaftliche Bedrängnis bringen, ist es unwahrscheinlich, dass sie die russische Politik entscheidend verändern. Denken Sie an die harten Sanktionen, die die USA gegen Venezuela, Iran und Nordkorea verhängt haben. Sie haben diese Volkswirtschaften geschwächt, aber sie haben die Politik dieser Länder nicht so verändert, wie die US-Regierung es sich wünscht.

Das zweite Problem besteht darin, dass die Sanktionen zumindest teilweise leicht umgangen werden können und im Laufe der Zeit wahrscheinlich noch weitere Schlupflöcher hinzukommen werden. Die US-Sanktionen gelten am effektivsten für Transaktionen in Dollar, die über das US-Bankensystem abgewickelt werden. Länder, welche die Sanktionen umgehen möchten, können ihre Transaktionen einfach auf andere Weise als über Banken oder in anderen Währungen durchführen. Es ist zu erwarten, dass die Zahl der Transaktionen mit Russland in Rubel, Rupien, Renminbi und anderen Nicht-Dollar-Währungen steigt.

Das dritte und damit zusammenhängende Problem ist, dass der größte Teil der Welt nicht an die Sanktionen glaubt und auch im Krieg zwischen Russland und der Ukraine nicht Partei ergreift. Zählt man alle Länder und Regionen zusammen, die Sanktionen gegen Russland verhängt haben – die USA, Großbritannien, die EU, Japan, Singapur, Australien, Neuseeland und eine Handvoll anderer –, kommt man auf nur vierzehn Prozent der Weltbevölkerung.

Das vierte Problem ist der »Bumerang-Effekt«. Sanktionen gegen Russland schaden nicht nur Russland, sondern der gesamten Weltwirtschaft, indem sie Unterbrechungen der Versorgungsketten, Inflation und Lebensmittelknappheiten intensivieren. Aus diesem Grund werden viele europäische Länder wahrscheinlich weiterhin Gas und Öl aus Russland beziehen. Ungarn und vielleicht einige andere europäische Länder, die weniger stark von den USA beeinflusst sind, werden sich vermutlich auch bereit erklären, Russland in Rubel zu bezahlen. Der Bumerang-Effekt wird wahrscheinlich auch den Demokraten bei den Zwischenwahlen im November schaden, da die Inflation die Realeinkommen der Wähler auffrisst.

Das fünfte Problem ist die unelastische (also preisunempfindliche) Nachfrage nach Russlands Energie- und Getreideexporten. Wenn die Menge der russischen Exporte zurückgeht, steigen die Weltmarktpreise für diese Rohstoffe. Russland kann am Ende weniger exportieren und im Zuge dessen fast die gleichen oder sogar höhere Exporterlöse erzielen.

Das sechste Problem ist geopolitischer Natur. Andere Länder – vor allem China – sehen den Krieg zwischen Russland und der Ukraine zumindest teilweise als einen Krieg, in dem sich Russland gegen die NATO-Erweiterung um die Ukraine wehrt. Deshalb argumentiert China immer wieder, dass in diesem Krieg die legitimen Sicherheitsinteressen Russlands auf dem Spiel stehen.

Die USA behaupten gerne, die NATO sei ein reines Verteidigungsbündnis, aber Russland, China und andere Länder sehen das anders. Sie deuten die Bombardierung Serbiens durch die NATO im Jahr 1999, die zwanzig Jahre andauernde NATO-Besatzung in Afghanistan und die Intervention der NATO in Libyen 2011, die zum Sturz von Muammar al-Gaddafi führte, als Grund für einen gesunden Argwohn. Die russische Führung verurteilt die Osterweiterung der NATO seit Mitte der 1990er Jahre, als sie mit den Beitritten der Tschechischen Republik, Ungarn und Polen ihren Lauf nahm. Als Putin die NATO aufforderte, ihre Erweiterung auf die Ukraine zu unterlassen, lehnte Biden Verhandlungen mit Russland in dieser Frage entschieden ab.

Kurz gesagt, viele Länder, darunter sicherlich auch China, werden einen globalen Druck auf Russland, der zu einer NATO-Erweiterung führen könnte, nicht unterstützen. Der Rest der Welt will Frieden und keinen Sieg der Vereinigten Staaten oder der NATO in einem Stellvertreterkrieg mit Russland.

Die USA würden Putin gerne militärisch besiegt sehen, und die Versorgung der Ukraine mit NATO-Rüstung hat den russischen Streitkräften einen schweren Schlag versetzen können. Aber es ist ebenso augenscheinlich, dass die Ukraine dabei zerstört wird. Es ist unwahrscheinlich, dass Russland seine Niederlage erklärt und sich zurückzieht. Viel plausibler ist, dass es eine Eskalation herbeiführen wird, möglicherweise sogar durch den Einsatz von Atomwaffen.

All dies bedeutet, dass die US-Strategie und die Waffen der NATO Russland in der Ukraine »ausbluten«, aber die Ukraine selbst nicht retten können. Das kann nur ein Friedensabkommen leisten. Tatsächlich wird der derzeitige Ansatz die wirtschaftliche und politische Stabilität in der ganzen Welt untergraben und zwei Lager erzeugen, von denen eines für und eines gegen die NATO ist, was den Vereinigten Staaten langfristig sehr schaden würde.

Die amerikanische Diplomatie bestraft Russland, ohne große Aussicht auf einen wirklichen Erfolg für die Ukraine oder für die eigenen Interessen zu haben – nämlich, dass die russischen Truppen nach Hause zurückkehren und die Sicherheit der Ukraine gewährleistet wäre. Diese Ergebnisse können aber nur am Verhandlungstisch erzielt werden.

Der entscheidende Schritt besteht darin, dass die USA, die NATO-Verbündeten und die Ukraine deutlich machen, dass die NATO sich nicht auf die Ukraine ausdehnen wird, solange Russland den Krieg beendet und die Ukraine verlässt. Die Länder, die mit Putin verbündet sind, und diejenigen, die sich für keine der beiden Seiten entscheiden, würden dann Druck auf Russland ausüben können, das Schlachtfeld zu verlassen und seine Truppen abzuziehen, da die NATO-Erweiterung ja nun gestoppt wurde. Natürlich könnten die Verhandlungen scheitern, wenn Russlands Forderungen unannehmbar bleiben. Aber wir sollten zumindest versuchen zu prüfen, ob durch die Neutralität der Ukraine, die durch internationale Garantien abgesichert ist, Frieden erreicht werden kann.

Bidens harte Worte – über Putins Abgang von der Macht, Völkermord und Kriegsverbrechen – werden die Ukraine nicht retten. Die beste Chance dafür sind Verhandlungen, die die Welt auf ihre Seite bringen. Wenn die USA dem Frieden Vorrang vor der NATO-Erweiterung einräumen würden, könnten sie die Unterstützung eines viel größeren Teils der Welt gewinnen und so dazu beitragen, der Ukraine Frieden und der ganzen Welt Sicherheit und Stabilität zu bringen.

Für ein Ende des Zermürbungskrieges in der Ukraine

Mai 2022

Kriege brechen oft aus und dauern an, weil sich beide Seiten hinsichtlich ihrer relativen Macht verrechnet haben. Im Falle der Ukraine hat Russland einen schweren Fehler begangen, indem es die Entschlossenheit der Ukrainer zum Kampf und die Wirksamkeit der von der NATO gelieferten Waffen unterschätzt hat. Doch auch die Ukraine und die NATO überschätzen ihre Fähigkeit, Russland auf dem Schlachtfeld zu besiegen. Das Ergebnis ist ein Zermürbungskrieg, von dem jede Seite glaubt, dass sie ihn gewinnen wird, den aber beide Seiten verlieren werden. Die Ukraine sollte sich verstärkt um einen Verhandlungsfrieden bemühen, wie er Ende März 2022 zur Debatte stand,[47] den sie dann aber nach den Beweisen für russische Gräueltaten in Butscha[48] – und vielleicht auch aufgrund der veränderten Wahrnehmung ihrer militärischen Aussichten – aufgegeben hat.

In den Ende März diskutierten Friedensbedingungen wurde die Neutralität der Ukraine gefordert, die durch Sicherheitsgarantien und einen Zeitplan für die Lösung strittiger Fragen wie den Status der Krim und des Donbass unterstützt werden sollte. Die russischen und ukrainischen Unterhändler erklärten, dass es Fortschritte bei den Verhandlungen gebe, ebenso wie die türkischen Vermittler.[49] Nach den Berichten aus Butscha brachen die Verhandlungen ab, und der ukrainische Verhandlungsführer erklärte: »Die ukrainische Gesellschaft steht jetzt jedem Verhandlungskonzept, das die Russische Föderation betrifft, sehr viel negativer gegenüber.«[50]

Doch die Dringlichkeit von Verhandlungen ist nach wie vor überwältigend. Die Alternative ist nicht der Sieg der Ukraine, sondern ein verheerender Zermürbungskrieg. Um eine Einigung zu erzielen, müssen beide Seiten ihre Erwartungen neu justieren.

Als Russland die Ukraine angriff, rechnete es eindeutig mit einem schnellen und ungehinderten Sieg. Russland hat die Aufrüstung des ukrainischen Militärs – nach jahrelanger militärischer Unterstützung und Ausbildung durch die USA, Großbritannien und andere Länder seit 2014[51] – erheblich unterschätzt. Darüber hinaus hat Russland fehlinterpretiert, inwieweit die Militärtechnologie der NATO der größeren Anzahl russischer Truppen gewachsen ist. Der größte Fehler Russlands war zweifellos die Annahme, dass die Ukrainer nicht kämpfen – oder vielleicht sogar die Seiten wechseln – würden.[52]

Doch nun überschätzen die Ukraine und ihre westlichen Unterstützer die Chancen, Russland auf dem Schlachtfeld zu besiegen. Die Vorstellung, dass die russische Armee kurz vor dem Zusammenbruch steht, ist reines Wunschdenken. Russland ist militärisch in der Lage, die ukrainische Infrastruktur zu zerstören (beispielsweise durch Angriffe auf die Eisenbahnlinien[53]) und Gebiete in der Donbass-Region und an der Schwarzmeerküste zu erobern und zu halten. Die Ukrainer kämpfen entschlossen, aber es ist höchst unwahrscheinlich, dass sie eine russische Niederlage erzwingen können.[54]

Das gilt auch für die westlichen Finanzsanktionen, die weit weniger weitreichend und wirksam sind, als die Regierungen, die sie verhängt haben, zugeben. Die US-Sanktionen gegen Venezuela, Iran, Nordkorea und andere haben die Politik dieser Regime nicht verändert,[55] und die Sanktionen gegen Russland bleiben schon jetzt weit hinter der Euphorie zurück, mit der sie eingeführt wurden. Auch der Ausschluss russischer Banken aus dem internationalen Zahlungsverkehrssystem SWIFT war nicht die »nukleare Option«, die viele heraufbeschworen.[56] Nach Angaben des Internationalen Währungsfonds wird die russische Wirtschaft im Jahr 2022 um etwa 8,5 Prozent schrumpfen – das ist schlimm, aber nicht katastrophal.[57]

Außerdem haben die Sanktionen schwerwiegende wirtschaftliche Folgen für die Vereinigten Staaten und insbesondere für Europa. Die Inflation in den USA ist so hoch wie seit vierzig Jahren nicht mehr und wird aufgrund der von der Federal Reserve in den letzten Jahren geschaffenen Liquidität in Höhe von Billionen von Dollar wahrscheinlich weiter anhalten.[58] Gleichzeitig stagniert die Wirtschaft in den USA und in Europa, vielleicht schrumpft sie in Zukunft sogar, da es immer häufiger zu Unterbrechungen der Versorgungskette kommt.[59]

Die innenpolitische Position von US-Präsident Joe Biden ist schwach und wird wahrscheinlich weiter geschwächt, wenn die wirtschaftlichen Schwierigkeiten in den kommenden Monaten zunehmen. Auch die öffentliche Unterstützung für den Krieg wird mit der Verschlechterung der Wirtschaftslage wahrscheinlich abnehmen. Die republikanische Partei ist bezüglich des Krieges gespalten, wobei die Trump-Fraktion kein großes Interesse an einer Konfrontation mit Russland in der Ukraine hat.[60] Auch bei den Demokraten steigt der Unmut über die

Stagflation,[61] die die Partei bei den Zwischenwahlen im November wahrscheinlich ihre Mehrheit in Kongress oder Senat kosten wird (diese Vorhersage bewahrheitete sich, da die Demokraten das Repräsentantenhaus verloren, aber eine knappe Mehrheit im Senat behalten konnten, Anm. d. Übers.).

Die negativen wirtschaftlichen Auswirkungen des Krieges und der Sanktionen werden auch in zahllosen Entwicklungsländern, die von Nahrungsmittel- und Energieimporten abhängig sind, verheerende Ausmaße annehmen.[62] Die wirtschaftlichen Verwerfungen in diesen Ländern werden weltweit zu dringenden Forderungen nach einem Ende des Krieges und der Sanktionen führen.

Gleichzeitig leidet die Ukraine weiterhin schwer unter der Zahl der Toten, der Vertreibung und der Zerstörung. Der IWF prognostiziert für 2022 eine Schrumpfung der ukrainischen Wirtschaft um 35 Prozent, was auf die brutale Zerstörung von Wohnungen, Fabriken, Schienenfahrzeugen, Energiespeicher und Umspannwerken und anderer lebenswichtiger Infrastruktur zurückzuführen ist.[63]

Am gefährlichsten ist jedoch, dass, solange der Krieg andauert, die Gefahr einer nuklearen Eskalation besteht. Sollten Russlands konventionelle Streitkräfte tatsächlich zur Niederlage gedrängt werden, wie es die USA momentan anstreben, könnte Russland durchaus mit taktischen Atomwaffen kontern. Ein amerikanisches oder russisches Flugzeug könnte von der jeweils anderen Seite beim Überfliegen des Schwarzen Meeres abgeschossen werden, was zu einem direkten militärischen Konflikt führen könnte. Medienberichte, wonach die USA verdeckte Streitkräfte vor Ort haben,[64] und die Enthüllungen der US-Geheimdienste, dass sie der Ukraine geholfen haben, russische Generäle zu töten[65] und das russische Flaggschiff im Schwarzen Meer zu versenken,[66] verdeutlichen diese Gefahr.

Es ist immer noch möglich, in der Ukraine Frieden zu schaffen, und zwar auf der Grundlage der Parameter, die bereits Ende März 2022 diskutiert wurden: Neutralität, Sicherheitsgarantien, ein Rahmen für den Umgang mit der Krim und dem Donbass und der Rückzug Russlands. Dies bleibt der einzige realistische und sichere Weg. Die Welt würde sich einer solchen Vereinbarung anschließen, und die Ukraine sollte dies im Interesse ihres eigenen Überlebens und Wohlergehens auch tun.

Ewiger Krieg

Was die Ukraine von Afghanistan lernen muss

Februar 2023

Der größte Feind der wirtschaftlichen Entwicklung ist der Krieg. Wenn die Welt weiter in einen globalen Konflikt abgleitet, könnten unsere wirtschaftlichen Hoffnungen und unser eigenes Überleben in Flammen aufgehen. Das *Bulletin of the Atomic Scientists* hat die Zeiger der Weltuntergangsuhr auf lediglich 90 Sekunden vor Mitternacht gestellt.[67]

Der weltweit größte wirtschaftliche Verlierer im Jahr 2022 war die Ukraine, deren Wirtschaft nach Angaben des Internationalen Währungsfonds um 35 Prozent eingebrochen ist. Der Krieg in der Ukraine könnte bald enden und eine wirtschaftliche Erholung könnte einsetzen, aber das hängt davon ab, dass die Ukraine ihre missliche Lage als Opfer eines 2014 ausgebrochenen Stellvertreterkriegs zwischen den USA und Russland versteht.

Die USA haben die Ukraine seit 2014 massiv aufgerüstet und finanziert, um die NATO zu erweitern und Russland zu schwächen. Amerikas Stellvertreterkriege dauern in der Regel Jahre und sogar Jahrzehnte und lassen Länder wie die Ukraine in Trümmern zurück.

Wenn der Stellvertreterkrieg nicht bald beendet wird, steht der Ukraine eine düstere Zukunft bevor. Sie muss aus den schrecklichen Erfahrungen Afghanistans lernen, wenn sie nicht ein ähnliches Schicksal erfahren will. Sie könnte sich auch an den Stellvertreterkriegen der USA in Vietnam, Kambodscha, der Demokratischen Volksrepublik Laos, dem Irak, Syrien und Libyen orientieren.

Ab 1979 bewaffneten die USA die Mudschaheddin (islamistische Kämpfer), um die von der Sowjetunion unterstützte Regierung in Afghanistan zu bedrängen. Wie der Nationale Sicherheitsberater von Präsident Jimmy Carter, Zbigniew Brzeziński, später erklärte, war das Ziel der USA, die Sowjetunion zum Eingreifen zu provozieren, um sie in einen kostspieligen Krieg zu verwickeln.[68] Die Tatsache, dass Afghanistan ein Kollateralschaden sein würde, interessierte die US-Führung nicht.

Wie von den USA erhofft, marschierte das sowjetische Militär 1979 in Afghanistan ein und kämpfte bis in die 1980er Jahre hinein. Zeitgleich gründeten die von den USA unterstützten Kämpfer in den 1980er Jahren die al-Qaida und in den frühen 1990er Jahren die Taliban. Der »Trick« der USA gegenüber der Sowjetunion sollte sich als Bumerang erweisen.

Im Jahr 2001 marschierten die USA in Afghanistan ein, um al-Qaida und die Taliban zu bekämpfen. Der US-Krieg dauerte zwanzig Jahre, bis die USA 2021 endgültig abzogen. Sporadische US-Militäroperationen in Afghanistan gehen weiter. Afghanistan liegt in Trümmern. Während die USA mehr als zwei Billionen Dollar an Militärausgaben verschwendet haben, ist Afghanistan verarmt, mit einem Pro-Kopf-BIP von weniger als 400 Dollar im Jahr 2021. Als »Abschiedsgeschenk« beschlagnahmte die US-Regierung 2021 die winzigen Devisenbestände Afghanistans und legte das Bankensystem lahm.

Der Stellvertreterkrieg in der Ukraine begann vor neun Jahren, als die US-Regierung den Sturz des ukrainischen Präsidenten Wiktor Janukowytsch unterstützte. Janukowytschs Sünde aus Sicht der USA war sein Versuch, die Neutralität der Ukraine zu wahren. Amerikas Ziel war und ist es, dass die NATO-Länder Russland in der Schwarzmeerregion einkreisen und isolieren. Um dieses Ziel zu erreichen, haben die USA die Ukraine seit 2014 massiv aufgerüstet und finanziert.

Die amerikanischen Protagonisten von damals und heute sind dieselben. Die Ansprechpartnerin der US-Regierung für die Ukraine war 2014 die stellvertretende Außenministerin Victoria Nuland, die eng mit Jake Sullivan zusammenarbeitete, dem nationalen Sicherheitsberater von Präsident Joe Biden.

Die USA haben zwei harte politische Realitäten in der Ukraine übersehen. Erstens ist die Ukraine ethnisch und politisch tief gespalten zwischen russlandfeindlichen Nationalisten in der Westukraine und ethnischen Russen in der Ostukraine und auf der Krim. Zweitens überschreitet die NATO-Erweiterung eine rote Linie Russlands. Es wird bis zum Ende kämpfen und notfalls auch eskalieren, um die USA daran zu hindern, die Ukraine in die NATO aufzunehmen.

Die USA beteuern immer wieder, die NATO sei ein Verteidigungsbündnis. Doch 1999 bombardierte die NATO 78 Tage lang Russlands Verbündeten Serbien, um dem Kosovo bei seinem Kampf um Unabhängigkeit zu helfen (und anschließend eine riesige Militärbasis im Kosovo zu errichten). In ähnlicher Weise stürzten NATO-Truppen 2011 den mit Russland verbündeten Gaddafi und lösten damit über ein Jahrzehnt des Chaos in Libyen aus.

Ende 2021 stellte der russische Präsident Wladimir Putin drei Forderungen an die USA: Die Ukraine sollte neutral bleiben und der NATO nicht beitreten, die Krim sollte Teil Russlands bleiben, und der Donbass sollte gemäß dem Minsk-II-Abkommen autonom werden. Das Team Biden-Sullivan-Nuland lehnte jedwede Verhandlungen ab, acht Jahre nachdem die gleiche Gruppe den Sturz Janukowytschs unterstützt hatte. Da Putins Verhandlungsforderungen von den USA rundweg ignoriert wurden, marschierte Russland im Februar 2022 in die Ukraine ein.

Im März 2022 schien der ukrainische Präsident Wolodymyr Selenskyj die missliche Lage der Ukraine als Opfer eines Stellvertreterkriegs zwischen den USA und Russland zu verstehen. Er erklärte öffentlich, dass die Ukraine ein neutrales Land werden würde, und bat um Sicherheitsgarantien. Er erkannte auch öffentlich an, dass die Krim und der Donbass eine Art Sonderbehandlung benötigen würden. Der ehemalige israelische Ministerpräsident Naftali Bennett schaltete sich als Vermittler ein, ebenso wie die Türkei. Russland und die Ukraine waren kurz davor, eine Einigung zu erzielen. Doch, wie Bennett kürzlich erklärte, »blockierten« die USA den Friedensprozess.

Seitdem ist der Krieg eskaliert. Laut dem US-amerikanischen Enthüllungsjournalisten Seymour Hersh haben US-Agenten im September 2022 die Nord-Stream-Pipelines sabotiert,[69] was vom Weißen Haus bestritten wird. In jüngster Zeit haben sich die USA und ihre Verbündeten verpflichtet, Panzer, Raketen mit größerer Reichweite und möglicherweise Kampfjets in die Ukraine zu schicken.

Die Grundbedingungen für den Frieden sind klar. Die Ukraine wäre ein neutrales Nicht-NATO-Land. Die Krim bliebe der Heimathafen von Russlands Schwarzmeerflotte, wie sie es seit 1783 war. Für den Donbass muss eine praktikable Lösung gefunden werden, etwa eine territoriale Teilung, Autonomie oder eine demilitarisierte Zone.

Das Wichtigste wäre, dass die Kämpfe aufhören, die russischen Truppen die Ukraine verlassen und die Souveränität der Ukraine durch den UN-Sicherheitsrat und andere Staaten garantiert wird. Eine solche Vereinbarung hätte auch schon im Dezember 2021 oder im März 2022 erreicht werden können.

Vor allem aber würden die Regierung und die Bevölkerung der Ukraine den USA und Russland mitteilen, dass die Ukraine nicht länger das Schlachtfeld eines Stellvertreterkrieges sein will. Angesichts der tiefen inneren Spaltung würden sich die Ukrainer auf beiden Seiten der ethnischen Kluft um Frieden bemühen, anstatt zu glauben, dass eine äußere Macht ihnen die Notwendigkeit eines Kompromisses ersparen würde.

Der neunte Jahrestag des Ukraine-Krieges

Februar 2023

Wir befinden uns nicht am ersten Jahrestag des Krieges, wie die westlichen Regierungen und Medien behaupten. Dies ist der neunte Jahrestag des Krieges. Und das macht einen großen Unterschied.

Der Krieg begann mit dem gewaltsamen Sturz des ukrainischen Präsidenten Wiktor Janukowytsch im Februar 2014, einem Putsch, der offen und verdeckt von der Regierung der Vereinigten Staaten unterstützt wurde.[70] Seit 2008 haben die Vereinigten Staaten die NATO-Erweiterung um die Ukraine und Georgien vorangetrieben, der Putsch gegen Janukowytsch diente ebenfalls diesem Ziel.

Wir müssen diesen unerbittlichen Drang zur NATO-Erweiterung im Zusammenhang sehen. Die USA und Deutschland haben dem sowjetischen Präsidenten Michail Gorbatschow ausdrücklich und wiederholt versprochen, dass sich die NATO nicht »einen Zoll nach Osten« erweitern würde, nachdem Gorbatschow das als Warschauer Pakt bekannte sowjetische Militärbündnis aufgelöst hatte.[71] Die gesamte Prämisse der NATO-Erweiterung war ein Verstoß gegen die mit der Sowjetunion getroffenen Vereinbarungen und somit gegen den Fortbestand Russlands.

Die Neocons haben die NATO-Erweiterung vorangetrieben, weil sie Russland in der Schwarzmeerregion einkesseln wollen, ähnlich wie es Großbritannien und Frankreich im Krimkrieg (1853–1856) getan haben. Der US-Stratege Zbigniew Brzeziński bezeichnete die Region als den »geografischen Dreh- und Angelpunkt« Eurasiens. Wenn es den USA gelänge, die Ukraine in ein Militärbündnis einzubinden, wäre Russland nicht mehr in der Lage, seine Macht im östlichen Mittelmeerraum, im Nahen Osten und in weiten Teilen der restlichen Welt zu entfalten, so die Theorie.

Natürlich sah Russland darin nicht nur eine allgemeine, sondern eine konkrete Bedrohung, nicht zuletzt auch durch das Vorrücken hochentwickelter Rüstungsgüter bis an die russische Grenze. Dies war besonders bedrohlich, nachdem die USA im Jahr 2002 einseitig den Vertrag über den Schutz vor ballistischen Raketen (ABM-Vertrag) aufgekündigt hatten.

Während seiner Präsidentschaft (2010–2014) bemühte sich Janukowytsch um militärische Neutralität, gerade um einen Bürgerkrieg oder Stellvertreterkonflikt in der Ukraine zu vermeiden. Dies war eine sehr umsichtige Entscheidung für die Ukraine, aber sie stand der neokonservativen Besessenheit der USA bezüglich der NATO-Erweiterung im Weg. Als Ende 2013 Proteste gegen Janukowytsch ausbrachen, weil sich die Unterzeichnung eines Beitrittsfahrplans mit der EU verzögerte, nutzten die Vereinigten Staaten die Gelegenheit, die Proteste zu einem Staatsstreich ausufern zu lassen, der im Februar 2014 in Janukowytschs Sturz gipfelte.

Die USA mischten sich unnachgiebig und verdeckt in die Proteste ein und trieben sie selbst dann weiter voran, als rechtsgerichtete ukrainisch-nationalistische Paramilitärs auf den Plan traten. Nichtregierungsorganisationen in Amerika gaben riesige Summen aus, um die Proteste und den letztendlichen Umsturz zu finanzieren. Diese Finanzierungen sind nie an die Öffentlichkeit gelangt.[72]

Drei Personen, die eng in die Bemühungen der USA um den Sturz Janukowytschs involviert waren, waren Victoria Nuland, damals stellvertretende Außenministerin und heute Unterstaatssekretärin; Jake Sullivan, damals Sicherheitsberater von Joe Biden, und Biden selbst, damals Vizepräsident. Nuland wurde bekanntlich dabei ertappt, wie sie mit dem US-Botschafter in der Ukraine, Geoffrey Pyatt, telefonierte und die nächste Regierung in der Ukraine plante, mit relativ wenig Rücksichtnahme auf die Europäischen Verbündeten (»Fuck the EU«, so ihr Urteil, das auf dem Band festgehalten wurde).[73]

Das abgehörte Gespräch offenbart die Tiefe der Planung zwischen Biden, Nuland und Sullivan. Nuland sagt: »Als ich die Notiz schrieb, kam Sullivan zu mir zurück und sagte, Sie brauchen Biden, und ich sagte, wahrscheinlich erst morgen für ein kleines Dankeschön und um die Details zu klären. Also, Biden ist bereit.«

Der US-amerikanische Filmregisseur Oliver Stone hilft uns in seinem 2016 gedrehten Dokumentarfilm *Ukraine on Fire*, die Beteiligung der USA an dem Staatsstreich zu verstehen. Ich empfehle allen Menschen, die verstehen wollen, wie eine Operation zum Regimewechsel in den USA aussieht, sich diesen Film anzusehen. Außerdem empfehle ich allen, die aussagekräftigen akademischen Studien von Prof. Ivan Katchanovski von der Universität Ottawa zu lesen, der alle Beweise um den Maidan mühsam überprüft hat und feststellte, dass die meisten Gewalttaten und Morde nicht, wie behauptet, von

Janukowytschs Sicherheitskräften ausgingen, sondern von den Putschisten selbst, die in die Menschenmenge schossen und dabei sowohl Polizisten als auch Demonstranten töteten.[74]

Diese Wahrheiten werden durch die Geheimhaltung der USA und die Unterwürfigkeit Europas gegenüber der US-Macht verschleiert. Ein von den USA inszenierter Staatsstreich fand vor unser aller Augen statt, und keine europäische Führungskraft wagte es, die Wahrheit zu sagen. Es folgten brutale Konsequenzen, aber noch immer schweigen die Europäer.

Der Putsch war der Beginn des Krieges vor neun Jahren. Eine verfassungswidrige, rechtsgerichtete, antirussische und ultranationalistische Regierung kam in Kiew an die Macht. Nach dem Putsch eroberte Russland nach einem schnellen Referendum die Krim zurück, und im Donbass brach ein Krieg aus, als die Russen in der ukrainischen Armee die Seiten wechselten und sich der Regierung in Kiew entgegenstellten, die nach dem Putsch eingesetzt wurde.

Die NATO begann fast sofort, die Ukraine mit Waffen im Wert von Milliarden von Dollar zu versorgen. Und der Krieg eskalierte. Die Friedensabkommen von Minsk-1 und Minsk-2, bei denen Frankreich und Deutschland als Mitgaranten fungieren sollten, haben nicht funktioniert, erstens, weil die nationalistische ukrainische Regierung in Kiew sich weigerte, sie umzusetzen,[75] und zweitens, weil Deutschland und Frankreich nicht auf ihre Umsetzung gedrängt haben, wie die ehemalige Bundeskanzlerin Angela Merkel kürzlich zugab.[76]

Ende 2021 machte Präsident Putin sehr deutlich, was die drei roten Linien für Russland seien: (1) die Neutralität der Ukraine; (2) der Status der Krim als russisches Gebiet und (3) ein Waffenstillstand im Donbass durch die Umsetzung von

Minsk-2. Das Weiße Haus unter Biden weigerte sich, über die Frage der NATO-Erweiterung zu verhandeln.

Die russische Invasion, die im Februar 2022 stattfand, war ebenso tragisch, fehlgeleitet und falsch wie die Ereignisse, die ihr vorangegangen waren. Seitdem haben die Vereinigten Staaten Milliarden Dollar an Rüstungsgütern und Budgethilfe bereitgestellt und ihre Bemühungen, die Ukraine in ihr Militärbündnis einzuhegen, noch weiter vorangetrieben. Der Tod und die Zerstörung auf diesem eskalierenden Schlachtfeld sind entsetzlich.

Im März 2022 erklärte die Ukraine, dass sie auf der Grundlage der Neutralität verhandeln würde. Der Krieg schien tatsächlich kurz vor dem Ende zu stehen. Sowohl ukrainische und russische Beamte als auch die türkischen Vermittler gaben positive Erklärungen ab. Von dem ehemaligen israelischen Premierminister Naftali Bennett wissen wir nun, dass die Vereinigten Staaten diese Verhandlungen blockierten und stattdessen eine Eskalation des Krieges befürworteten, um »Russland zu schwächen«.[77]

Im September 2022 wurden die Nord-Stream-Pipelines gesprengt. Die überwältigenden Beweise zum Zeitpunkt dieser Niederschrift sind, dass die Vereinigten Staaten die Zerstörung der Nord-Stream-Pipelines geleitet haben. Der Bericht von Seymour Hersh ist äußerst glaubwürdig und wurde in keinem einzigen wichtigen Punkt widerlegt (obwohl er von der US-Regierung heftig dementiert wurde). Er weist darauf hin, dass das Team Biden-Nuland Sullivan die Zerstörung der Pipelines angeführt hat.[78]

Wir befinden uns auf einem Weg der schrecklichen Eskalation und der Verdrehung oder Auslassung in einem Großteil der amerikanischen und europäischen Mainstream-Medien. Die gesamte Darstellung, dass dies der erste Jahrestag des Krieges ist, ist eine Lüge, die die Gründe für diesen Krieg – und damit auch den Weg zu seiner Beendigung – verschleiert. Dieser Krieg begann aufgrund des rücksichtslosen neokonservativen Drängens der USA auf die NATO-Erweiterung, gefolgt von der neokonservativen Beteiligung an der Regimewechsel-Operation 2014. Seitdem ist es zu einer massiven Eskalation von Rüstung, Tod und Zerstörung gekommen.

Dieser Krieg muss beendet werden, bevor er uns alle in ein nukleares Armageddon verwickelt. Ich lobe die Friedensbewegung für ihre tapferen Bemühungen, insbesondere angesichts der dreisten Lügen und Propaganda der US-Regierung und des feigen Schweigens der europäischen Regierungen, die sich den US-Neokonservativen völlig untergeordnet haben.

Wir müssen die Wahrheit sagen. Beide Seiten haben gelogen, betrogen und Gewalt angewendet. Beide Seiten müssen sich zurückziehen. Die NATO muss den Versuch stoppen, sich auf die Ukraine und auf Georgien auszudehnen. Russland muss sich aus der Ukraine zurückziehen. Wir müssen auf die roten Linien beider Seiten hören, damit die Welt überleben kann.

Der Krieg in der Ukraine wurde provoziert – eine Erkenntnis, die für den Frieden wichtig ist

23. Mai 2023

George Orwell schrieb in 1984: »Wer die Vergangenheit beherrscht, beherrscht die Zukunft; wer die Gegenwart beherrscht, beherrscht die Vergangenheit.« Regierungen arbeiten unerbittlich daran, die öffentliche Wahrnehmung der Vergangenheit zu verzerren. Was den Ukraine-Krieg betrifft, so hat die Regierung Biden wiederholt und fälschlicherweise behauptet, dass der Ukraine-Krieg mit einem unprovozierten Angriff Russlands am 24. Februar 2022 begann. Tatsächlich wurde der Krieg von den USA auf eine Art und Weise provoziert, die führende US-Diplomaten im Vorfeld des Krieges jahrzehntelang vorausgesehen hatten – was bedeutet, dass der ganze Konflikt hätte vermieden werden können und nun durch Verhandlungen beendet werden sollte.

Die Erkenntnis, dass der Krieg provoziert wurde, hilft uns zu verstehen, wie wir ihn beenden können. Sie rechtfertigt natürlich nicht den Einmarsch Russlands. Ein weitaus besserer Ansatz für Russland wäre gewesen, die Diplomatie mit Europa und dem Rest der Welt zu verstärken, um den Militarismus und Unilateralismus der USA zu verdeutlichen und abzulehnen. Der unerbittliche Druck der USA, die NATO zu erweitern, stößt in weiten Teilen der Welt auf breite Ablehnung, sodass russische Diplomatie anstelle eines Krieges wahrscheinlich wirkungsvoller gewesen wäre.

Die USA verwenden das Wort »unprovoziert« unablässig, zum Beispiel in Bidens großer Rede zum ersten Jahrestag des Krieges,[79] in einer kürzlichen NATO-Erklärung[80] und in der jüngsten G7-Erklärung.[81] Die Biden-freundlichen Mainstream-Medien machen es dem Weißen Haus einfach nach. Die *New York Times* ist das beste Beispiel: Sie bezeichnete die Invasion nicht weniger als 26 Mal als »unprovoziert«, in fünf Leitartikeln, 14 Meinungskolumnen von NYT-Autoren und sieben Gastbeiträgen.

Tatsächlich gab es zwei Hauptprovokationen der USA. Die erste war, die NATO-Erweiterung auf die Ukraine und Georgien auszudehnen, um Russland in der Schwarzmeerregion durch NATO-Länder (Ukraine, Rumänien, Bulgarien, Türkei und Georgien, entgegen dem Uhrzeigersinn) einzukreisen. Die zweite war die Rolle der USA bei der Installation eines russophoben Regimes in der Ukraine durch den gewaltsamen Sturz des prorussischen Präsidenten Wiktor Janukowytsch im Februar 2014. Der tatsächliche Krieg in der Ukraine begann damals schon, nicht im Februar 2022, wie uns die US-Regierung, die NATO und die G7-Führer glauben machen wollen.

Der Schlüssel zum Frieden in der Ukraine liegt in Verhandlungen auf der Grundlage der Neutralität der Ukraine und der Nichterweiterung der NATO. Biden und sein außenpolitisches Team weigern sich, diese Wurzeln des Krieges zu diskutieren, denn dies zu tun, würde die Regierung in dreifacher Hinsicht untergraben. Erstens würde es die Tatsache aufdecken, dass der Krieg vermieden oder zumindest frühzeitig hätte beendet werden können, wodurch der Ukraine die Verwüstungen und den USA die bisherigen Ausgaben in Höhe von über 100 Milliarden Dollar erspart geblieben wären (ein Jahr nach Veröffentlichung des Artikels bezifferte der Council on Foreign Relations diese Zahl auf 175 Milliarden, Anm. d. Übers.). Zweitens würde es die persönliche Rolle von Präsident Biden in diesem Krieg aufdecken, da er am Sturz Janukowytschs beteiligt und auch schon davor ein früher und entschiedener Befürworter des militärisch-industriellen Komplexes und der NATO-Erweiterung gewesen ist. Drittens würde Biden dadurch an den Verhandlungstisch gedrängt, was den anhaltenden Druck der Regierung auf die NATO-Erweiterung effektiv negieren würde.

Die verantwortlichen US-Diplomaten und die ukrainische Führung wussten sehr wohl, dass die NATO-Erweiterung zu einem Krieg führen könnte. Der große US-amerikanische Staatswissenschaftler George Kennan bezeichnete die NATO-Erweiterung als »verhängnisvollen Fehler« und schrieb in der *New York Times*:

> »Es ist zu erwarten, dass ein solcher Beschluss die nationalistischen, antiwestlichen und militaristischen Tendenzen in der russischen Öffentlichkeit entfachen, sich negativ auf die Entwicklung der russischen Demokratie auswirken, die Atmosphäre des Kalten Krieges in den Ost-West-Beziehungen wiederherstellen und die russische Außenpolitik in eine Richtung lenken wird, die uns ganz und gar nicht gefällt.«[82]

Der Verteidigungsminister von Präsident Bill Clinton, William Perry, erwog aus Protest gegen die NATO-Erweiterung seinen Rücktritt. Als er sich an diesen entscheidenden Moment Mitte der 1990er Jahre erinnerte, sagte Perry im Jahr 2016 Folgendes:

> »Unsere erste Aktion, die uns wirklich in eine schlechte Richtung brachte, war die Erweiterung der NATO um osteuropäische Staaten, von denen einige an Russland grenzten. Damals arbeiteten wir eng mit Russland zusammen, und es begann sich an den Gedanken zu gewöhnen, dass die NATO eher ein Freund als ein Feind sein könnte [...] aber es war ihnen sehr unangenehm, die NATO direkt an ihrer Grenze zu haben, und sie appellierten eindringlich an uns, damit nicht weiterzumachen.«

Im Jahr 2008 warnte der damalige US-Botschafter in Russland und heutige CIA-Direktor William Burns in einem Memo an Washington ausführlich vor den ernsten Risiken der NATO-Erweiterung:

> »Die NATO-Bestrebungen der Ukraine und Georgiens treffen nicht nur einen wunden Punkt in Russland, sondern geben auch Anlass zu ernsten Bedenken hinsichtlich der Folgen für die Stabilität in der Region. Russland sieht nicht nur die Gefahr einer Einkreisung und die Bestrebungen, seinen Einfluss in der Region zu untergraben, sondern es befürchtet auch unvorhersehbare und unkontrollierte Folgen, die russische Sicherheitsinteressen ernsthaft beeinträchtigen würden. Experten zufolge ist Russland besonders besorgt darüber, dass die starken Meinungsverschiedenheiten in der Ukraine über die NATO-Mitgliedschaft – ein Großteil der ethnisch-russischen Gemeinschaft ist gegen den Beitritt – zu einer größeren Spaltung führen könnten, die Gewalt oder schlimmstenfalls einen Bürgerkrieg zur Folge hätte. In

einem solchen Fall müsste Russland entscheiden, ob es eingreift – eine Entscheidung, die es nicht treffen möchte.«[83]

Die ukrainische Führung wusste ganz genau, dass ein Drängen auf eine NATO-Erweiterung um die Ukraine Krieg bedeuten würde. Der ehemalige Selenskyj-Berater Oleksij Arestowytsch erklärte in einem Interview 2019, »dass unser Preis für den NATO-Beitritt ein großer Krieg mit Russland ist«.[84]

In den Jahren 2010–2013 drängte Janukowytsch im Einklang mit der öffentlichen Meinung in der Ukraine auf Neutralität. Die USA arbeiteten verdeckt daran, ihn zu stürzen, wie das Tonband mit der damaligen stellvertretenden US-Außenministerin Victoria Nuland und dem US-Botschafter Geoffrey Pyatt zeigt, die bereits Wochen vor dem Putsch die Nachfolgeregierung planten. Nuland macht in dem Telefonat deutlich, dass sie sich eng mit dem damaligen Vizepräsidenten Biden und seinem nationalen Sicherheitsberater Jake Sullivan abstimmte, also denselben Leuten, die jetzt im Mittelpunkt der US-Politik gegenüber der Ukraine stehen.[85]

Nach Janukowytschs Sturz brach der Krieg im Donbass aus, während Russland die Krim für sich beanspruchte. Die neue ukrainische Regierung beantragte die NATO-Mitgliedschaft, und die USA bewaffneten die ukrainische Armee und halfen ihr bei der Umstrukturierung, um sie mit der NATO interoperabel zu machen. Im Jahr 2021 sprachen sich die NATO und die Regierung Biden nachdrücklich für eine Zukunft der Ukraine in dem Militärbündnis NATO aus.[86]

Im unmittelbaren Vorfeld der russischen Invasion stand die NATO-Erweiterung im Mittelpunkt. Putins Entwurf eines

Vertrags zwischen den USA und Russland (vom 17. Dezember 2021) forderte einen Stopp der NATO-Erweiterung.[87] Auf der Sitzung des russischen Nationalen Sicherheitsrates am 21. Februar 2022 bezeichnete die russische Führung die NATO-Erweiterung als Kriegsursache.[88] In seiner Ansprache an die Nation an diesem Tag erklärte Putin die NATO-Erweiterung zu einem zentralen Grund für eine potenzielle Invasion.[89] Der Historiker Geoffrey Roberts schrieb kürzlich:

> »Hätte der Krieg durch ein russisch-westliches Abkommen verhindert werden können, das die NATO-Erweiterung gestoppt und die Ukraine im Gegenzug für solide Garantien der ukrainischen Unabhängigkeit und Souveränität neutralisiert hätte? Durchaus möglich.«[90]

Im März 2022 meldeten Russland und die Ukraine Fortschritte auf dem Weg zu einer schnellen Beendigung des Krieges auf der Grundlage der Neutralität der Ukraine durch Verhandlungen. Nach Angaben von Naftali Bennett, dem ehemaligen israelischen Ministerpräsidenten, der als Vermittler fungierte, stand eine Vereinbarung kurz vor dem Abschluss, bevor die USA, Großbritannien und Frankreich sie blockierten.[91]

Während die Biden-Administration die russische Invasion als »unprovoziert« bezeichnet, suchte Russland 2021 nach diplomatischen Möglichkeiten, um einen Krieg zu vermeiden, während die USA die Diplomatie ablehnten und darauf bestanden, dass Russland in der Frage der NATO-Erweiterung kein Mitspracherecht habe. Im März 2022 drängte Russland erneut auf Diplomatie, während das Biden-Team erneut eine diplomatische Beendigung des Krieges blockierte.

Wenn wir erkennen, dass die Frage der NATO-Erweiterung im Mittelpunkt dieses Krieges steht, verstehen wir, warum Waffen diesen Krieg nicht beenden werden. Russland wird bei Bedarf eskalieren, um die NATO-Erweiterung um die Ukraine zu verhindern. Der Schlüssel zum Frieden in der Ukraine sind Verhandlungen auf der Grundlage der Neutralität der Ukraine und der Nicht-Erweiterung der NATO. Das Beharren der Biden-Administration auf einer NATO-Erweiterung um die Ukraine hat die Ukraine zu einem Opfer falsch verstandener und unerreichbarer militärischer Bestrebungen der USA gemacht. Es ist an der Zeit, dass die Provokationen aufhören und dass Verhandlungen zur Wiederherstellung des Friedens in der Ukraine geführt werden.

Die USA haben den Krieg in der Ukraine provoziert, und selbst die lautesten NATO-Befürworter erkennen das an

Juni 2021

Der Ukraine-Krieg wurde durch die NATO-Erweiterung und die Rolle der USA beim gewaltsamen Sturz des ukrainischen Präsidenten Wiktor Janukowytsch ausgelöst. Viele öffentliche Intellektuelle leugnen diese Punkte, doch dabei irren sie sich. Sie behaupten beispielsweise, dass die Versprechen der USA, die NATO werde sich nicht nach Osten erweitern, ein Mythos seien. Das sind sie nicht. Hier ist die Zusammenfassung des National Security Archive der George Washington University:

> »Die berühmte Zusicherung von US-Außenminister James Baker ›keinen Zoll nach Osten‹ bezüglich der NATO-Erweiterung bei seinem Treffen mit dem sowjetischen Staatschef Michail Gorbatschow am 9. Februar 1990 war Teil einer Kaskade von Zusicherungen bezüglich der sowjetischen Sicherheit, die Gorbatschow und anderen sowjetischen Amtsträgern während des Prozesses der deutschen Wiedervereinigung 1990 und bis ins Jahr 1991 von westlichen Führern gegeben wurden, wie aus freigegebenen amerikanischen, sowjetischen, deutschen, britischen und französischen Dokumenten hervorgeht …«[92]

Die NATO-Befürworter behaupten, »Putins Streit« habe nicht mit der NATO-Erweiterung, sondern mit der Souveränität der Ukraine zu tun. Das ist falsch. Die geneigten Leser können zum Beispiel Putins Rede auf der Münchner Sicherheitskonferenz 2007,[93] die Sitzung des russischen Nationalen Sicherheitsrates am 21. Februar 2022[94] und Putins Ansprache an die Nation am selben Tag[95] lesen. Amerikas eigene führende Diplomaten stimmten darin überein, dass die NATO-Erweiterung um die Ukraine eine rücksichtslose Provokation sei, beispielsweise der bereits erwähnte William Burns[96], George Kennan[97], Henry Kissinger[98], Jack Matlock (ehemaliger US-Botschafter in Russland)[99] und William Perry (ehemaliger US-Verteidigungsminister)[100].

Selbst Ian Bremmer, ein bekannter amerikanischer Journalist und Politologe und eine der lautstärksten Stimmen, wenn es um die Rechtfertigung der NATO-Politik geht, stellt fest, dass

> »der Westen damals nicht vorausgesehen hat, dass die Osterweiterung der EU und der NATO Russlands Bedrohungswahrnehmung in seinem Hinterhof verstärken würde, was russische Beamte in den frühen 1990er Jahren deutlich machten und wichtige US-Beamte damals zu verstehen schienen, [und dass] der Westen hätte voraussehen müssen, dass dies Russlands ohnehin schon starkes Gefühl der Unsicherheit und Demütigung noch verstärken würde«.[101]

Ja, Bremmer trifft genau meinen Punkt.

Er geht fälschlicherweise davon aus, dass es Putin in Wirklichkeit um die Souveränität der Ukraine ging und geht. Die

Leser sollten das von Bremmer zitierte Dokument, das wie folgt schließt, sorgfältig lesen:

> »Wir respektieren den Wunsch der Ukrainer, ihr Land frei, sicher und wohlhabend zu sehen […]. Und ich werde eines sagen – Russland war nie und wird nie ›anti-ukrainisch‹ sein. Und was die Ukraine sein wird – das müssen ihre Bürger entscheiden.«[102]

Bremmer behauptet, der Sturz von Janukowytsch auf dem Maidan sei ein friedlicher Protest ohne die versteckte Hand der USA gewesen. Das ist falsch, wie unter anderem das Telefonat zwischen Victoria Nuland und Geoffrey Pyatt beweist, in dem sie die Nachfolgeregierung planen, mehrere Wochen vor dem gewaltsamen Aufstand gegen die Regierung in Kiew.[103]

Auch Bremmers Behauptung, dass über 100 Maidan-Demonstranten von Janukowytschs Sicherheitsdiensten getötet wurden, ist längst widerlegt. Wie Ivan Katchanovski aufgezeigt hat,

> »haben die Prozesse und Ermittlungen zum Maidan-Massaker verschiedene Beweise dafür ergeben, dass vier getötete und mehrere Dutzend verwundete Polizisten und zumindest die absolute Mehrheit der 49 getöteten und 157 verwundeten Maidan-Demonstranten am 20. Februar 2014 von Scharfschützen in den vom Maidan kontrollierten Gebäuden und Gebieten massakriert wurden […]. Die Analyse zeigt, dass die Maidan-Regierungen und die extreme Rechte die Ermittlungen und Prozesse vertuscht und gemauert haben.«[104]

Bremmer hat in einem anderen Punkt recht, der meine Argumente untermauert: Der Westen hat es in den 1990er Jahren völlig versäumt, Russland zu helfen, als es sich von dem wirtschaftlichen Ruin, den die Sowjetunion hinterlassen hatte, zu erholen versuchte. Ich war eine der wenigen Stimmen in den Vereinigten Staaten, die einen Marshallplan für Russland forderten, eine Idee, die von den Präsidenten George H. W. Bush und Bill Clinton rundweg abgelehnt wurde. Im Jahr 1991 schrieb ich in der Washington Post:

> »Innerhalb Russlands würde die westliche Hilfe denselben psychologischen und politischen Effekt haben, den der Marshallplan für Westeuropa hatte. Russlands Psyche ist durch 1 000 Jahre brutaler Invasionen gequält worden, von Dschingis Khan bis Napoleon und Hitler [...]. In einer zusammengebrochenen Sowjetunion haben wir eine bemerkenswerte Gelegenheit, die Hoffnungen des russischen Volkes durch einen Akt der internationalen Verständigung zu wecken.«[105]

2014 schrieb ich für die BBC:

> »Der erst kürzlich wieder geäußerte Wunsch der NATO, die Ukraine in ihre Mitgliedschaft aufzunehmen und damit die NATO direkt an die russische Grenze zu bringen, muss als zutiefst unklug und provokativ angesehen werden [...]. In der Ukraine sehen wir uns einem Russland gegenüber, das durch die Ausbreitung der NATO und die Schikanen der USA seit 1991 verbittert ist.«[106]

Während ich jetzt diese Zeilen schreibe, titelt die Washington Post: »Biden zeigt wachsenden Appetit, Putins rote Linien zu überschreiten«.[107] Ein paar rücksichtslose und arrogante Amerikaner, darunter Biden, Antony Blinken, Jake Sullivan und Victoria Nuland, spielen buchstäblich mit dem Armageddon. Sie stehen in einer langen Reihe von rücksichtslosen US-Politikern, die die USA und Russland an den Rand eines Atomkriegs gebracht haben.

Vor sechzig Jahren, am 10. Juni 1963, legte Präsident John F. Kennedy den ultimativen Test für außenpolitische Vernunft fest:

> »Vor allem müssen die Atommächte bei der Verteidigung ihrer eigenen lebenswichtigen Interessen solche Konfrontationen vermeiden, die den Gegner vor die Wahl stellen, entweder einen demütigenden Rückzug oder einen Atomkrieg zu führen. Ein solcher Kurs im Atomzeitalter wäre nur ein Beweis für den Bankrott unserer Politik – oder für einen kollektiven Todeswunsch für die Welt.«[108]

Biden, Blinken, Sullivan und Nuland tun das Gegenteil von JFKs Rat.

Seit mehr als dreißig Jahren ist die US-Politik gegenüber Russland rücksichtslos und provokativ, und dies in zunehmendem Maße. Es ist an der Zeit, die Provokation zu beenden, am dringendsten durch die Beendigung des Drängens auf eine Erweiterung der NATO auf die Ukraine als Teil eines ausgehandelten Endes des Krieges.

Wie JFK den Frieden in der Ukraine anstreben würde

Juni 2023

Präsident John F. Kennedy war einer der großen Friedensstifter der Welt. Er führte eine friedliche Lösung der Kubakrise herbei und handelte auf dem Höhepunkt des Kalten Krieges erfolgreich den Teilvertrag über das Verbot von Nuklearversuchen mit der Sowjetunion aus. Zum Zeitpunkt seiner Ermordung unternahm er Schritte zur Beendigung des amerikanischen Engagements in Vietnam.

In seiner schillernden und unübertroffenen Friedensrede, die er am 10. Juni 1963 hielt, legte Kennedy seine Formel für den Frieden mit der Sowjetunion dar.[109] Diese Rede macht deutlich, dass die US-Herangehensweise an Russland und den Ukraine-Krieg eine dramatische Neuausrichtung erfordert. Bisher hat sich das Weiße Haus nicht an die von Kennedy empfohlenen Regeln gehalten, um Frieden zu finden. Wenn man jedoch Kennedys Rat beherzigt, könnte Amerika erneut ein Friedensstifter werden.

Ein Mathematiker würde JFKs Rede als »konstruktiven Beweis« dafür bezeichnen, wie man Frieden schaffen kann, da die Rede selbst direkt zum Atomteststoppvertrag beitrug, der im Juli 1963 von den USA und der Sowjetunion unterzeichnet wurde. Nach Erhalt der Rede teilte der sowjetische Staatschef Nikita Chruschtschow Kennedys Gesandtem in Russland, Averell Harriman, mit, dass es sich um die beste Rede eines amerikanischen Präsidenten seit Franklin D. Roosevelt handele und dass er mit Kennedy Frieden schließen wolle.

In der Rede beschreibt Kennedy den Frieden »als das notwendige rationale Ziel vernünftiger Menschen«. Dennoch räumt er ein, dass es nicht einfach ist, Frieden zu schaffen: »Mir ist klar, dass das Streben nach Frieden nicht so dramatisch ist wie das Streben nach Krieg – und häufig stoßen die Worte des Verfolgers auf taube Ohren. Aber wir haben keine dringendere Aufgabe.«

Der wichtigste Schlüssel zum Frieden ist nach Kennedys Ansicht die Tatsache, dass beide Seiten den Frieden wollen. Man gerät leicht in die Falle, einen Konflikt nur der anderen Seite anzulasten und darauf zu bestehen, dass nur der Gegner seine Einstellungen und sein Verhalten ändern sollte. Kennedy sagt ganz klar: »Wir müssen unsere eigene Haltung überdenken – als Einzelne und als Nation –, denn unsere Haltung ist genauso wichtig wie die der anderen.«

Kennedy wandte sich gegen den im Kalten Krieg vorherrschenden Pessimismus, dass ein Frieden mit der Sowjetunion unmöglich sei, und

> »dass der Krieg unvermeidlich ist, dass die Menschheit dem Untergang geweiht ist, dass wir von Kräften beherrscht werden, die wir nicht kontrollieren können. Wir brauchen diese Ansicht nicht zu akzeptieren. Unsere Probleme sind von Menschen gemacht – also können sie auch von Menschen gelöst werden.«

Entscheidend sei, so Kennedy, dass man »nicht nur ein verzerrtes und verzweifeltes Bild der anderen Seite sieht«. Wir dürfen »einen Konflikt nicht als unvermeidlich, ein Entgegenkommen nicht als unmöglich und eine Kommunikation nicht als bloßen Austausch von Drohungen ansehen«, sondern vielmehr »das russische Volk für seine zahlreichen Errungenschaften würdigen – in Wissenschaft und Raumfahrt, in wirtschaftlichem und industriellem Wachstum, in der Kultur und in Taten des Mutes.«

Kennedy warnte auch davor, einen nuklearen Gegner in eine Ecke zu drängen, die ihn zu Verzweiflungstaten verleiten könnte:

> »Vor allem müssen die Atommächte bei der Verteidigung ihrer eigenen lebenswichtigen Interessen solche Konfrontationen vermeiden, die einen Gegner vor die Wahl stellen, entweder einen demütigenden Rückzug oder einen Atomkrieg zu führen. Ein solcher Kurs im Atomzeitalter wäre nur ein Beweis für den Bankrott unserer Politik – oder für einen kollektiven Todeswunsch für die Welt.«

Vermutlich ahnte Kennedy, dass ein Friedensvertrag vor allem deshalb zustande kommen konnte, da der Frieden im gemeinsamen Interesse der USA und der Sowjetunion lag. Jenen, die behaupteten, die Sowjetunion würde sich nicht an einen Friedensvertrag halten, entgegnete Kennedy, dass

> »sowohl die Vereinigten Staaten und ihre Verbündeten als auch die Sowjetunion und deren Verbündete ein gegenseitiges tiefes Interesse an einem gerechten und echten

> Frieden und an der Beendigung des Wettrüstens haben. Vereinbarungen zu diesem Zweck liegen sowohl im Interesse der Sowjetunion als auch in unserem – und selbst die feindlichsten Nationen können sich darauf verlassen, daß sie die Vertragsverpflichtungen, und nur diese, akzeptieren und einhalten, die in ihrem eigenen Interesse liegen.«

Von zentraler Bedeutung war für Kennedy die direkte Kommunikation zwischen den Kontrahenten. Der Frieden, sagte er,

> »wird ein besseres Verständnis zwischen den Sowjets und uns erfordern. Und ein besseres Verständnis erfordert mehr Kontakt und Kommunikation. Ein Schritt in diese Richtung ist das vorgeschlagene Arrangement für eine direkte Verbindung zwischen Moskau und Washington, um auf beiden Seiten die gefährlichen Verzögerungen, Missverständnisse und Fehlinterpretationen der Handlungen der anderen Seite zu vermeiden, die in Krisenzeiten auftreten können.«

Im Zusammenhang mit dem Ukraine-Krieg hat sich Biden fast vollständig gegenteilig verhalten. Er hat Putin persönlich und wiederholt verunglimpft. Seine Regierung hat das Kriegsziel der USA als Schwächung Russlands definiert. Biden hat jede Kommunikation mit Putin vermieden. Seit Februar 2022 haben sie offenbar kein einziges Mal miteinander gesprochen, und Biden hat ein bilaterales Treffen mit Putin auf dem G20-Gipfel in Bali abgelehnt.

Biden hat sich auch geweigert, die großen Sicherheitsbedenken Russlands auch nur anzuerkennen, geschweige denn, darauf einzugehen. Putin hat wiederholt zum Ausdruck gebracht, dass Russland eine NATO-Erweiterung auf die Ukraine – ein Land mit einer knapp 2 000 Kilometer langen Grenze zu Russland – entschieden ablehnt. Die USA würden ein mexikanisch-russisches oder mexikanisch-chinesisches Militärbündnis angesichts der über 3 000 Kilometer langen Grenze zwischen Mexiko und den USA ja ebenfalls niemals tolerieren. Es ist an der Zeit, dass Biden mit Russland über die NATO-Erweiterung verhandelt, und zwar im Rahmen umfassenderer Verhandlungen zur Beendigung des Ukraine-Krieges.

Als Kennedy im Januar 1961 sein Amt antrat, legte er seinen Standpunkt zu Verhandlungen klar dar: »Wir sollten niemals aus Angst verhandeln. Aber lasst uns niemals Angst haben zu verhandeln. Lasst beide Seiten erforschen, welche Probleme uns verbinden, anstatt an den Problemen herumzudoktern, die uns trennen.« In seiner Friedensrede erinnerte JFK daran, dass das, was die USA und Russland eint, darin besteht, dass »wir alle diesen kleinen Planeten bewohnen. Wir alle atmen die gleiche Luft. Wir alle sorgen uns um die Zukunft unserer Kinder. Und wir sind alle sterblich.«

US-Außenpolitik ist ein auf Korruption aufgebauter Betrug

Dezember 2023

Die Außenpolitik der USA scheint völlig irrational zu sein. Sie verstricken sich in einen katastrophalen Krieg nach dem anderen – Afghanistan, Irak, Syrien, Libyen und Ukraine. In den letzten Jahren ist jedes ihrer größeren außenpolitischen Ziele gescheitert. Die Taliban kehrten nach zwei Jahrzehnten US-Besatzung Afghanistans binnen weniger Wochen an die Macht zurück. Der Irak wurde nach Saddam Hussein vom Iran abhängig. Syriens Präsident Bashar al-Assad blieb an der Macht, obwohl die CIA versuchte, ihn zu beseitigen.[110] Libyen geriet in einen langwierigen Bürgerkrieg, nachdem eine US-geführte NATO-Mission Muammar al-Gaddafi gestürzt hatte. Und der Krieg in der Ukraine dauert weiter an, nachdem die USA im Jahr 2022 ein mögliches Friedensabkommen heimlich zunichte gemacht hatten.[111]

Trotz dieser bemerkenswerten und kostspieligen Debakel, die eines nach dem anderen folgten, stehen seit Jahrzehnten dieselben Personen an der Spitze der US Außenpolitik, darunter Joe Biden, Victoria Nuland, Jake Sullivan, Chuck Schumer, Mitch McConnell und Hillary Clinton.

Woran liegt das? Das Rätsel löst sich, wenn man erkennt, dass es in der amerikanischen Außenpolitik überhaupt nicht um das Wohl des amerikanischen Volkes geht, sondern um die Interessen der Insider in Washington, die auf der Jagd nach Wahlkampfspenden und lukrativen Jobs für sich selbst, ihre Mitarbeiter und Familienmitglieder sind. Kurz gesagt, die US-Außenpolitik wurde vom großen Geld geentert.

Das Ergebnis ist, dass das amerikanische Volk stark verliert. Die gescheiterten Kriege seit dem Jahr 2000 haben sie rund fünf Billionen Dollar an direkten Ausgaben gekostet, das sind rund 40 000 Dollar pro Haushalt.[112] Weitere rund zwei Billionen Dollar werden in den kommenden Jahrzehnten für die Versorgung von Veteranen ausgegeben werden. Abgesehen von diesen Kosten, die den Amerikanern direkt entstehen, sollten wir auch die horrend hohen Kosten erkennen, die im Ausland entstanden sind: Millionen Tote und eine Zerstörung von Eigentum und Natur in den Kriegsgebieten, die kaum noch mit Zahlen zu erfassen ist.

Und die Kosten steigen weiter an: Die Ausgaben für das US-Militär werden sich im Jahr 2024 auf rund 1,5 Billionen Dollar belaufen, das sind etwa 12 000 Dollar pro Haushalt, wenn man die direkten Ausgaben des Pentagons, der CIA und anderer Geheimdienste, der Veteranenbehörde, des Atomwaffenprogramms, der militärisch bedingten »Auslandshilfe« des Außenministeriums (beispielsweise für Israel) und andere sicherheitsrelevante Haushaltslinien hinzurechnet. Hunderte von Milliarden Dollar werden für nutzlose Kriege, Militärbasen in Übersee und eine völlig unnötige Aufrüstung vergeudet, die die Welt näher an den dritten Weltkrieg bringt.

Diese gigantischen Kosten zu beschreiben, bedeutet aber auch, die verdrehte »Rationalität« der US-Außenpolitik zu erkunden. Die Militärausgaben in Höhe von 1,5 Billionen Dollar sind der Betrug, der sich für den militärisch-industriellen Komplex und die Insider in Washington immer weiter auszahlt, während er Amerika und den Rest der Welt verarmt und gefährdet.

Um den außenpolitischen Betrug zu verstehen, muss man sich die heutige US-Regierung als ein aus mehreren Abteilungen bestehendes Unternehmen vorstellen, das von den Höchstbietenden kontrolliert wird. Die Wall-Street-Abteilung wird vom Finanzministerium aus geleitet. Die Abteilung für das Gesundheitswesen wird vom Ministerium für Gesundheit und Soziales geleitet. Die Abteilung »Big Oil and Coal« wird von den Ministerien für Energie und Inneres geleitet. Und die Abteilung Außenpolitik wird vom Weißen Haus, dem Pentagon und der CIA geleitet.

Jede Abteilung nutzt die öffentliche Macht für private Gewinne durch Insidergeschäfte, die durch Wahlkampfspenden von Unternehmen und Ausgaben für Lobbyarbeit geschmiert werden. Interessanterweise ist die Abteilung Gesundheitsindustrie ein ebenso bemerkenswerter finanzieller Betrug wie die Abteilung Außenpolitik. Amerikas Gesundheitsausgaben beliefen sich im Jahr 2022 auf erstaunliche 4,5 Billionen Dollar (oder rund 36 000 Dollar pro Haushalt), die bei Weitem höchsten Gesundheitskosten der Welt, während Amerika bei der Lebenserwartung weltweit auf Platz 47 liegt.[113] Eine verfehlte Gesundheitspolitik bringt der Gesundheitsindustrie sehr viel Geld ein, ebenso wie eine verfehlte Außenpolitik dem militärisch-industriellen Komplex Mega-Einnahmen beschert.

Die Abteilung für Außenpolitik wird von einer kleinen, geheimen und eng verbundenen Gruppe geleitet, zu der die Führungskader des Weißen Hauses, der CIA, des Außenministeriums, des Pentagon, der Streitkräfteausschüsse des Repräsentantenhauses und des Senats sowie der großen Militärfirmen wie Boeing, Lockheed Martin, General Dynamics, Northrop Grumman und Raytheon gehören. Es gibt vielleicht knapp tausend Schlüsselpersonen, die an der Festlegung der Politik beteiligt sind, das öffentliche Interesse spielt kaum eine Rolle.

Die wichtigsten außenpolitischen Entscheidungsträger leiten den Betrieb der über 800 US-Militärstützpunkte auf der ganzen Welt, sie verwalten Hunderte von Milliarden Dollar an Militärverträgen und planen die Kriegseinsätze, bei denen die Ausrüstung eingesetzt wird. Je mehr Kriege, desto größer das Geschäft. Die Privatisierung der Außenpolitik wurde durch die Privatisierung des Kriegsgeschäfts selbst erheblich verstärkt, da immer mehr militärische »Kernfunktionen« an Waffenhersteller und Auftragnehmer wie Haliburton, Booz Allen Hamilton und CACI vergeben werden.[114]

Zusätzlich zu den Hunderten von Milliarden Dollar an Militäraufträgen gibt es wichtige wirtschaftliche Nebeneffekte der militärischen und CIA-Operationen. Mit Militärstützpunkten in 80 Ländern der Welt und CIA-Operationen in vielen weiteren spielen die USA eine wichtige (wenn auch meist verdeckte) Rolle bei der Bestimmung der Regierenden in den betreffenden Ländern – und damit bei der Gestaltung lukrativer Geschäfte mit Mineralien, Öl, Pipelines sowie Agrar- und Waldland. Seit 1947 haben die USA versucht, mindestens 80 Regierungen zu stürzen, in der Regel unter der Führung der CIA, indem sie Putsche, Attentate, Aufstände, Unruhen, Wahlmanipulationen, Wirtschaftssanktionen und offene Kriege anzettelten. (Eine hervorragende Studie über US-Regime-Change-Operationen von 1947 bis 1989 finden Sie in Lindsey O'Rourkes *Covert Regime Change* von 2018).[115]

Neben den Geschäftsinteressen gibt es natürlich auch Ideologen, die wirklich an Amerikas Recht glauben, die Welt zu beherrschen. Die ewig kriegerische Kagan-Familie ist der berühmteste Fall, obwohl ihre finanziellen Interessen auch tief mit der Kriegsindustrie verflochten sind.[116] Das Problem mit der Ideologie ist Folgendes: Die Ideologen haben sich bei fast jeder Gelegenheit geirrt und hätten schon vor langer Zeit ihre Rednerpulte in Washington verloren, wenn sie sich nicht als Kriegstreiber nützlich gemacht hätten. Ob wissentlich oder nicht, sie dienen als bezahlte Darsteller für den militärisch-industriellen Komplex.

Es gibt eine anhaltende Unannehmlichkeit für diesen laufenden Geschäftsbetrug. Theoretisch wird die Außenpolitik im Interesse des amerikanischen Volkes betrieben, obwohl das Gegenteil die Wahrheit ist. Ein ähnlicher Widerspruch gilt natürlich auch für das überteuerte Gesundheitswesen, die staatlichen Rettungsaktionen für die Wall Street, die Vergünstigungen für die Ölindustrie und andere Betrügereien. Das amerikanische Volk würde die Machenschaften der US-Außenpolitik noch viel seltener unterstützen, wenn es gelegentlich die Wahrheit erfahren würde. Amerikas Kriege werden nicht auf Wunsch des Volkes geführt, sondern durch Entscheidungen von oben. Es sind also besondere Maßnahmen erforderlich, um das Volk von der Entscheidungsfindung fernzuhalten.

Die erste dieser Maßnahmen ist unerbittliche Propaganda. George Orwell hat es in *1984* auf den Punkt gebracht, als »die Partei« plötzlich und ohne ein Wort der Erklärung den ausländischen Feind von Eurasien nach Ostasien verlegte. Die USA machen im Wesentlichen dasselbe. Wer ist der ärgste Feind der USA? Suchen Sie sich einen aus, je nach Jahreszeit. Saddam Hussein, die Taliban, Hugo Chavez, Bashar al-Assad, ISIS, al-Qaida, Muammar al-Gaddafi, Wladimir Putin, Hamas – sie alle haben in der US-Rhetorik schon die Rolle von »Hitler« gespielt. Der Sprecher des Weißen Hauses, momentan John Kirby, trägt die Propaganda meist mit einem Grinsen vor – das signalisiert, dass auch er weiß, dass das, was er sagt, lächerlich ist, wenn auch leicht unterhaltsam.

Die Propaganda wird von den Denkfabriken in Washington verstärkt, die von den Spenden der militärischen Auftragnehmer und gelegentlich von ausländischen Regierungen leben, die Teil der US-Betrugsoperationen sind. Man denke an den Atlantic Council, das Center for Strategic and International Studies und natürlich das bereits erwähnte Institute for the Study of War, das von den großen Rüstungsunternehmen finanziert wird.

Zweitens sollen die Kosten der außenpolitischen Operationen verschleiert werden. In den 1960er Jahren machte die US-Regierung den Fehler, dem amerikanischen Volk die Kosten des militärisch-industriellen Komplexes aufzubürden, indem sie junge Menschen zum Kampf in Vietnam einberief und die Steuern zur Finanzierung des Krieges erhöhte. Nicht zuletzt deswegen formierte sich in der Öffentlichkeit rasch ein signifikanter Widerstand.

Ab Beginn der 1970er Jahre war die Regierung weitaus cleverer. Man schaffte die Wehrpflicht ab und machte den Militärdienst zu einer Dienstleistung, anstatt ihn als öffentlichen Dienst zu betrachten. Sie gab auch die Idee auf, dass staatliche Ausgaben durch Steuern finanziert werden sollten, und verlagerte den Militärhaushalt stattdessen auf Defizitausgaben, was ihn vorerst vor dem Widerstand der Bevölkerung schützte.

Außerdem haben die USA seitdem vermehrt Klientenstaaten wie die Ukraine dazu gebracht, ihre Kriege vor Ort zu führen, damit die US-Propagandamaschine nicht von Leichensäcken und Särgen gestört wird. Es erübrigt sich zu erwähnen, dass US-Kriegsherren wie Sullivan, Blinken, Nuland, Schumer und McConnell Tausende von Kilometern von der Front entfernt bleiben. Das Sterben ist den Ukrainern vorbehalten. Senator Richard Blumenthal verteidigte die amerikanische Militärhilfe für die Ukraine als gut angelegtes Geld, weil dabei »kein einziger amerikanischer Soldat oder keine einzige amerikanische Soldatin verletzt wurde oder ums Leben kam«[117], wobei es dem guten Senator nicht in den Sinn kam, die Leben der Ukrainer zu schonen, die zu Hunderttausenden in einem von den USA provozierten Krieg ums Leben gekommen sind.

Dieses System wird durch die vollständige Unterordnung des US-Kongresses unter das Kriegsgeschäft untermauert, um zu verhindern, dass die überzogenen Pentagon-Budgets und die von der Exekutive angezettelten Kriege infrage gestellt werden. Die Unterordnung des Kongresses funktioniert folgendermaßen: Zum einen wird die Aufsicht des Kongresses über Krieg und Frieden weitgehend den Ausschüssen für Streitkräfte des Repräsentantenhauses und des Senats übertragen, die die Gesamtpolitik des Kongresses (und den Haushalt des Pentagons) bestimmen. Zum anderen finanziert die Rüstungsindustrie (Boeing, Raytheon und andere) die Kampagnen der Mitglieder des Ausschusses für Streitkräfte beider Parteien. Die Militärindustrie gibt auch enorme Summen für die Lobbyarbeit aus, um den ausscheidenden Kongressmitgliedern, ihren Mitarbeitern und Familien lukrative Gehälter zu sichern, entweder direkt in Militärunternehmen oder in Washingtoner Lobbyfirmen.

Wenn der Kongress im Januar 2024 wieder zusammentritt, werden Biden und seine Handlanger uns sagen, dass wir unbedingt den verlustreichen, grausamen und hinterlistigen Krieg in der Ukraine und das anhaltende Massaker in Gaza finanzieren müssen, damit wir und Europa und die freie Welt und vielleicht das Sonnensystem selbst nicht dem russischen Bären, den iranischen Mullahs oder der Kommunistischen Partei Chinas erliegen. Die Befürworter außenpolitischer Katastrophen sind nicht irrational in ihrer Angstmacherei. Sie sind vielmehr hinterlistig und außerordentlich gierig und verfolgen engstirnige Interessen, die über denen des amerikanischen Volkes stehen.

Es ist die dringende Aufgabe des amerikanischen Volkes, diese Außenpolitik zu reformieren, die so kaputt, korrupt und betrügerisch ist, dass sie die Regierung in Schulden stürzt und die Welt täglich näher an ein nukleares Armageddon bringt. Diese Überarbeitung sollte 2024 beginnen, mit der Verweigerung weiterer Finanzmittel für den katastrophalen Ukraine-Krieg oder für Israels Krieg in Gaza. Friedensstiftung und Diplomatie, nicht Militärausgaben, sind der Weg zu einer US-Außenpolitik, die dem öffentlichen Interesse dient.

Präsidenten, die mit dem nuklearen Armageddon spielen

Mai 2024

Die wichtigste Aufgabe eines jeden US-Präsidenten ist es, die Sicherheit der Nation zu gewährleisten. Im Atomzeitalter bedeutet das vor allem, ein nukleares Armageddon zu verhindern. Die rücksichtslose und inkompetente Außenpolitik von Joe Biden bringt uns jedoch der Vernichtung näher. Er reiht sich damit in die unrühmliche Liste von Präsidenten ein, die mit dem Armageddon gespielt haben, einschließlich seines unmittelbaren Vorgängers und Rivalen Donald Trump.

Das Gespenst des Atomkriegs ist derzeit allgegenwärtig. Die Staatsoberhäupter der NATO-Länder fordern Russlands Niederlage und sogar seine Zerstückelung, während sie uns gleichzeitig versichern, dass wir uns keine Sorgen um Russlands rund 6 000 Atomsprengköpfe machen müssen. Die Ukraine setzt von der NATO gelieferte Raketen ein, um Teile des russischen Frühwarnsystems für Nuklearangriffe auszuschalten.[118] In der Zwischenzeit führt Russland in der Nähe seiner Grenze zur Ukraine Atomübungen durch.[119] US-Außenminister Antony Blinken und NATO-Generalsekretär Jens Stoltenberg geben einem zunehmend verzweifelteren und extremistischeren ukrainischen Regime grünes Licht für den Einsatz von NATO-Waffen gegen russisches Territorium.[120]

Diese Staats- und Regierungschefs vernachlässigen zu unserer größten Gefahr die grundlegendste Lektion aus der nuklearen Konfrontation zwischen den USA und der Sowjetunion in der Kubakrise, wie sie von Präsident John F. Kennedy – einem der wenigen amerikanischen Präsidenten, der unser Überleben ernst nahm – vermittelt wurde. Nach der Krise sagte Kennedy zu seinen Mitmenschen und ihren Nachfolgern:

> »Vor allem müssen die Atommächte bei der Verteidigung ihrer eigenen vitalen Interessen solche Konfrontationen vermeiden, die einen Gegner vor die Wahl stellen, entweder einen demütigenden Rückzug oder einen Atomkrieg zu führen. Ein solcher Kurs im Atomzeitalter wäre nur ein Beweis für den Bankrott unserer Politik – oder für einen kollektiven Todeswunsch für die Welt.«[121]

Doch genau das tut Biden heute, er führt eine bankrotte und rücksichtslose Politik durch.

Ein Atomkrieg kann leicht durch eine Eskalation eines nichtnuklearen Krieges, durch einen Hitzkopf mit Zugang zu Atomwaffen, der sich zu einem überraschenden Erstschlag entschließt, oder durch eine grobe Fehlkalkulation ausgelöst werden. Zu letzterem wäre es beinahe gekommen, nachdem Kennedy und Chruschtschow ein Ende der Kubakrise ausgehandelt hatten, als ein außer Gefecht gesetztes sowjetisches U-Boot um ein Haar einen nuklearen Torpedo abgefeuert hätte.

Die meisten Präsidenten und die meisten Amerikaner haben kaum eine Vorstellung davon, wie nah wir am Abgrund stehen. Das Bulletin of Atomic Scientists, das 1947 unter anderem mit dem Ziel gegründet wurde, die Welt vor der nuklearen Vernichtung zu bewahren, hat die Doomsday Clock eingeführt, um der Öffentlichkeit die Schwere der Risiken zu verdeutlichen, denen wir ausgesetzt sind.[122] Nationale Sicherheitsexperten passen die Uhr an, je nachdem, wie weit wir von »Mitternacht« (sprich der Auslöschung) entfernt sind oder wie nahe wir dran sind. Sie schätzen, dass die Uhr heute nur noch neunzig Sekunden vor Mitternacht steht, so kurz wie noch nie zuvor.

Die Uhr ist ein nützlicher Maßstab dafür, welche Präsidenten es »kapiert« haben und welche nicht. Die traurige Tatsache ist, dass die meisten Präsidenten im Namen der nationalen Ehre, um ihre persönliche Härte zu beweisen, um politischen Angriffen der Kriegstreiber zu entgehen oder aus schierer Inkompetenz heraus unser Überleben aufs Spiel gesetzt haben. Nach einer einfachen und übersichtlichen Zählung haben fünf Präsidenten es »richtig« gemacht und die Uhr von Mitternacht wegbewegt, während die übrigen neun uns näher an das Armageddon gebracht haben – einschließlich der letzten fünf.

Truman war Präsident, als die Weltuntergangsuhr 1947 um sieben Minuten vor Mitternacht enthüllt wurde. Er heizte das nukleare Wettrüsten an und verließ sein Amt, als die Uhr nur noch drei Minuten vor Mitternacht anzeigte. Eisenhower setzte das nukleare Wettrüsten fort, nahm aber auch erstmals Verhandlungen mit der Sowjetunion über eine nukleare Abrüstung auf. Als er aus dem Amt schied, war die Uhr wieder auf sieben Minuten vor Mitternacht zurückgedreht.

Kennedy rettete die Welt, indem er die Kubakrise mit kühlem Verstand durchstand, anstatt den Ratschlägen hitzköpfiger Berater zu folgen, die zum Krieg aufriefen. Anschließend handelte er 1963 mit Chruschtschow den Vertrag über das partielle

Verbot von Atomtests aus. Zum Zeitpunkt seines Todes, der möglicherweise ein politischer Mord aufgrund seiner Friedensinitiative war, hatte JFK die Uhr auf zwölf Minuten vor Mitternacht gebracht – eine großartige und historische Leistung.

Doch das sollte nicht von Dauer sein: Lyndon Johnson eskalierte bald darauf in Vietnam und drückte die Uhr wieder auf nur sieben Minuten vor Mitternacht zurück. Richard Nixon baute die Spannungen sowohl mit der Sowjetunion als auch mit China ab und schloss den Vertrag über die Begrenzung strategischer Waffen (SALT I), wodurch die Uhr wieder auf zwölf Minuten vor Mitternacht gestellt wurde. Gerald Ford und Jimmy Carter versäumten es jedoch, SALT II abzuschließen, und gaben der CIA 1979 auf fatale und unkluge Weise grünes Licht für die Destabilisierung Afghanistans. Als Ronald Reagan sein Amt antrat, stand die Uhr nur noch vier Minuten vor Mitternacht.

Die folgenden zwölf Jahre brachten das Ende des Kalten Krieges. Ein Großteil des Verdienstes gebührt Michail Gorbatschow, der die Sowjetunion politisch und wirtschaftlich reformieren und die Konfrontation mit dem Westen beenden wollte. Aber auch Reagan und seinem Nachfolger George H. W. Bush ist es zu verdanken, dass sie gemeinsam mit Gorbatschow erfolgreich an der Beendigung des Kalten Krieges arbeiteten, auf die wiederum im Dezember 1991 das Ende der Sowjetunion selbst folgte. Als Bush aus dem Amt schied, stand die Weltuntergangsuhr auf siebzehn Minuten vor Mitternacht, dem sichersten Stand seit Beginn des Atomzeitalters.

Leider konnte sich das amerikanische Sicherheitsestablishment nicht mit einem »Ja« abfinden, als Russland ein ausdrückliches solches zu friedlichen und kooperativen Beziehungen gaben. Die USA mussten den Kalten Krieg »gewinnen«, nicht nur beenden. Sie mussten sich selbst zur einzigen Supermacht der Welt erklären und beweisen, dass sie die Regeln einer neuen, von ihnen geführten »regelbasierten Ordnung« einseitig festlegen würden. Die USA haben daher ab 1992 ungehindert Kriege geführt und ihr riesiges Netz von Militärbasen nach eigenem Gutdünken ausgebaut, wobei sie die roten Linien anderer Nationen standhaft und ostentativ ignorierten und sogar darauf abzielten, ihre nuklearen Gegner in einen demütigenden Rückzug zu treiben.

Seit 1992 hat jeder Präsident die USA und die Welt näher an der nuklearen Vernichtung gelassen als sein Vorgänger. Als Clinton sein Amt verließ, war die Uhr auf neun Minuten vor Mitternacht vorgerückt. Bush junior drückte die Uhr auf nur fünf Minuten, Obama auf drei und Trump auf nur hundert Sekunden. Jetzt hat Biden die Uhr auf neunzig Sekunden gebracht.

Biden hat die USA in drei fulminante Krisen geführt, von denen jede einzelne in einem Armageddon enden könnte. Durch sein Beharren auf der NATO-Erweiterung auf die Ukraine, entgegen Putins klarer roter Linie, hat Biden wiederholt auf Russlands demütigenden Rückzug gedrängt. Indem er sich auf die Seite Israels stellte, hat er ein neues Wettrüsten im Nahen Osten und eine gefährliche Ausweitung des Nahostkonflikts angeheizt. Indem er China wegen Taiwan, das die USA angeblich als Teil des »einen Chinas« anerkennen, verhöhnt, lädt er zu einem Krieg mit China ein. In ähnlicher Weise rührte Trump an mehreren Fronten im Kessel des Atomstreits, am deutlichsten mit China und dem Iran.

Washington scheint in diesen Tagen nur eines im Sinn zu haben: mehr Geld für die Kriege in der Ukraine und im Gazastreifen, mehr Rüstung für Taiwan. Wir schleichen immer näher an das Armageddon heran. Umfragen zeigen, dass die amerikanische Bevölkerung die Außenpolitik der USA mit überwältigender Mehrheit ablehnt,[123] aber ihre Meinung zählt nur wenig. Wir müssen den Frieden von allen Hügeln herbeirufen. Das Überleben unserer Kinder und Enkelkinder, alles hängt davon ab.

10 Prinzipien für den ewigen Frieden im 21. Jahrhundert

Juli 2024

2025 jährt sich zum 230. Mal die Veröffentlichung von Immanuel Kants berühmtem Aufsatz *Zum ewigen Frieden* (1795). Darin legte der große deutsche Philosoph eine Reihe von Leitprinzipien vor, um ewigen Frieden unter den Nationen seiner Zeit zu erreichen. In einer Welt, die sich permanent im Krieg zu befinden scheint und in der sogar ein nukleares Armageddon droht, sollten wir Kants Ansatz für unsere eigene Zeit nutzen. Auf dem Zukunftsgipfel der Vereinten Nationen im September sollte eine aktualisierte Reihe von Grundsätzen in Betracht gezogen werden.

Kant war sich durchaus bewusst, dass seine Vorschläge auf die Skepsis der »praktischen« Politiker stoßen würden,

> »da der praktische Politiker mit dem theoretischen auf dem Fuß steht, mit großer Selbstgefälligkeit auf ihn als einen Schulweisen herabzusehen, der dem Staat, welcher von Erfahrungsgrundsätzen ausgehen müsse, mit seinen sachleeren Ideen keine Gefahr bringe, und den man immer seine elf Kegel auf einmal werfen lassen kann, ohne, dass sich der weltkundige Staatsmann daran kehren darf […].«[124]

Nichtsdestotrotz war Kants Text, wie der Historiker Mark Mazower in seiner meisterhaften Darstellung *Governing the World* feststellte, ein »Text, der Generationen von Denkern über die Weltregierung bis in unsere Tage hinein beeinflussen sollte« und dazu beitrug, den Grundstein für die Vereinten Nationen und das internationale Recht in Bezug auf Menschenrechte, Kriegsführung und Rüstungskontrolle zu legen.[125]

Kants zentrale Vorschläge konzentrierten sich auf drei Ideen. Er lehnte erstens stehende Heere ab, die »unaufhörlich andere Staaten [bedrohen], durch ihre Bereitschaft, jederzeit kriegsbereit zu erscheinen«. Damit nahm er die berühmte Warnung von US-Präsident Dwight D. Eisenhower[126] vor den Gefahren eines militärisch-industriellen Komplexes um ungefähr eineinhalb Jahrhunderte vorweg. Zweitens forderte Kant die Nichteinmischung in die inneren Angelegenheiten anderer Nationen. Damit wandte er sich gegen jene Art von verdeckten Operationen, die die USA heute unermüdlich einsetzen, um ausländische Regierungen zu stürzen. Und drittens forderte Kant eine »Föderation freier Staaten«, also genau eine solche Staatengemeinschaft, wie es heute die Vereinten Nationen sind, eine »Föderation« von 193 Staaten, die sich verpflichtet haben, gemäß der UN-Charta zu handeln.

Kant setzte große Hoffnungen auf den Republikanismus im Gegensatz zur Ein-Personen-Herrschaft, um die Kriegsführung zu kontrollieren. Kant argumentierte, dass ein einzelner Herrscher leicht der Versuchung des Krieges erliegen würde:

> »Da hingegen in einer Verfassung, wo der Untertan nicht Staatsbürger, die also nicht republikanisch ist, es

[die Kriegserklärung] die unbedenklichste Sache von der Welt ist, weil das Oberhaupt nicht Staatsgenosse, sondern Staatseigentümer ist, an seinen Tafeln, Jagden, Lustschlössern, Hoffesten und dergleichen durch den Krieg nicht das mindeste einbüßt, diesen also wie eine Art von Lustpartie aus unbedeutenden Ursachen beschließen, und der Anständigkeit wegen dem dazu allezeit fertigen diplomatischen Korps die Rechtfertigung desselben gleichgültig überlassen kann.«[127]

Im Gegensatz dazu, nach Kant:

»Wenn (wie es in dieser Verfassung nicht anders sein kann) die Zustimmung der Staatsbürger dazu erfordert wird, um zu beschließen, ›ob Krieg sein solle, oder nicht‹, so ist nichts natürlicher, als dass, da sie alle Drangsale des Krieges über sich selbst beschließen müssten [...]), sie sich sehr bedenken werden, ein so schlimmes Spiel anzufangen [...].«[128]

Kant war viel zu optimistisch, was die Fähigkeit der öffentlichen Meinung anbelangt, die Kriegsführung einzuschränken. Sowohl die athenische als auch die römische Republik waren notorisch kriegslüstern. Großbritannien war die führende Demokratie des 19. Jahrhunderts, aber auch eine der kriegerischsten Mächte. Und in der Moderne führen die USA als »beste Demokratie der Welt« ununterbrochen Kriege nach eigenem Gutdünken und stürzen gewaltsam fremde Regierungen.

Kants Irrtum beruht auf mindestens drei Faktoren. Zum einen liegt selbst in Demokratien die Entscheidung, Kriege zu führen, fast immer bei einer kleinen Machtelite, die von der öffentlichen Meinung weitgehend isoliert ist. Zum anderen (und das ist ebenso wichtig) ist die öffentliche Meinung relativ leicht durch Propaganda zu manipulieren. Des Weiteren kann die Öffentlichkeit kurzfristig von den hohen Kosten eines Krieges abgeschirmt werden, indem der Krieg durch Schulden statt durch Steuern finanziert wird und indem man sich auf Vertragssoldaten, Söldner und ausländische Kämpfer anstatt auf Wehrpflichtige verlässt.

Kants Kerngedanken zum immerwährenden Frieden trugen aber dennoch dazu bei, dass sich die Welt im 20. Jahrhundert dem Völkerrecht, den Menschenrechten und einem gewissen Maß an Regeln im Krieg (wie den Genfer Konventionen) zuwandte. Doch trotz der Neuerungen in den globalen Institutionen ist die Welt noch erschreckend weit vom Frieden entfernt. Laut der Weltuntergangsuhr des Bulletin of Atomic Scientists sind wir nur noch 90 Sekunden von Mitternacht entfernt und damit näher an einem Atomkrieg als jemals zuvor seit der Einführung der Uhr im Jahr 1947.

Der globale Apparat der Vereinten Nationen und das Völkerrecht haben bis heute vermutlich bereits einen dritten Weltkrieg verhindert, denn UN-Generalsekretär U Thant spielte eine entscheidende Rolle bei der friedlichen Lösung der Kubakrise 1962. Doch die Strukturen der Vereinigung sind fragil und bedürfen dringend einer Aufwertung.

Aus diesem Grund fordere ich, dass wir eine neue Reihe von Grundsätzen formulieren und verabschieden, die auf vier zentralen geopolitischen Realitäten unserer Zeit basieren.

Erstens: Wir leben mit dem nuklearen Damoklesschwert über unseren Köpfen. Präsident John F. Kennedy drückte es vor sechzig Jahren in seiner berühmten Friedensrede wortgewaltig aus, als er erklärte:

> »Ich spreche vom Frieden, weil der Krieg ein neues Gesicht bekommen hat. Der totale Krieg hat keinen Sinn in einem Zeitalter, in dem Großmächte über große und relativ unverwundbare Atomstreitkräfte verfügen und sich weigern, sich zu ergeben, ohne auf diese Streitkräfte zurückzugreifen. Er macht keinen Sinn in einem Zeitalter, in dem eine einzige Atomwaffe fast das Zehnfache der Sprengkraft enthält, die alle alliierten Luftstreitkräfte im Zweiten Weltkrieg eingesetzt haben.«[129]

Zweitens haben wir eine echte Multipolarität erreicht. Zum ersten Mal seit dem 19. Jahrhundert hat Asien den Westen bei der Wirtschaftsleistung überholt. Die Ära des Kalten Krieges, in der die USA und die Sowjetunion dominierten, oder der »unipolare Moment«, den die USA nach dem Zerfall der Sowjetunion 1991 für sich beanspruchten, ist längst vorbei. Heute sind die USA eine von mehreren Supermächten, darunter Russland, China und Indien, sowie mehrere Regionalmächte (darunter Iran, Pakistan und Nordkorea). Die USA und ihre Verbündeten können nicht einseitig ihren Willen in den geopolitischen Krisenherden, seien es die Ukraine, der Nahe Osten oder der indopazifische Raum, durchsetzen. Sie müssen lernen, mit den anderen Mächten zusammenzuarbeiten.

Drittens verfügen wir heute über ein umfangreiches und historisch beispielloses Instrumentarium internationaler Institutionen zur Formulierung und Verabschiedung globaler Ziele (zum Beispiel bezüglich des Klimas, der nachhaltigen Entwicklung oder der nuklearen Abrüstung), zur Verabschiedung des Völkerrechts und zur Bekundung des Willens der Weltgemeinschaft (unter anderem in der UN-Generalversammlung und im UN-Sicherheitsrat). Ja, diese internationalen Institutionen sind immer noch schwach, wenn die Großmächte beschließen, sie zu ignorieren, aber sie bieten unschätzbare Instrumente für den Aufbau einer echten Föderation der Nationen im Sinne Kants.

Viertens: Unser Schicksal als Menschheit ist enger denn je mit uns allen verflochten. Globale öffentliche Güter wie eine nachhaltige Entwicklung, die nukleare Abrüstung, der Schutz der biologischen Vielfalt der Erde oder die Prävention und Bekämpfung von Kriegen und Pandemien sind für unser gemeinsames Schicksal von größter Bedeutung. Auch hier können wir uns auf JFKs Weisheit berufen, die heute noch genauso gilt wie damals:

> »Seien wir also nicht blind gegenüber unseren Unterschieden, sondern lenken wir unsere Aufmerksamkeit auch auf unsere gemeinsamen Interessen und die Mittel, mit denen diese Unterschiede überwunden werden können. Und wenn wir schon unsere Unterschiede nicht überwinden können, so können wir doch zumindest dazu beitragen, die Welt für die Vielfalt sicher zu machen. Denn letztlich besteht unsere grundlegendste Gemeinsamkeit darin, dass wir alle diesen kleinen Planeten bewohnen. Wir alle atmen dieselbe Luft. Wir alle sorgen uns um die Zukunft unserer Kinder. Und wir sind alle sterblich.«[130]

Welche Grundsätze sollten wir uns in unserer Zeit zu eigen machen, die zu einem immerwährenden Frieden im 21. Jahrhundert beitragen könnten? Ich schlage zehn Prinzipien dafür vor und lade andere dazu ein, diese Liste zu überarbeiten oder eine eigene zu erstellen.

Die ersten fünf meiner Grundsätze sind die Prinzipien der friedlichen Koexistenz, die China vor siebzig Jahren vorgeschlagen hat und die später von den blockfreien Staaten übernommen wurden.[131] Diese sind:

- Gegenseitige Achtung aller Nationen vor der territorialen Integrität und Souveränität anderer Nationen.
- Gegenseitige Nichtaggression aller Nationen gegenüber einander.
- Gegenseitige Nichteinmischung aller Nationen in die inneren Angelegenheiten Anderer (zum Beispiel durch willkürliche Kriege, »Regime Changes« oder einseitige Sanktionen).
- Gleichheit und gegenseitiger Nutzen in den Beziehungen zwischen den Nationen.
- Friedliche Koexistenz aller Nationen.

Zur Umsetzung dieser fünf Grundprinzipien empfehle ich fünf spezifische Handlungsgrundsätze:

- Die Schließung von Militärstützpunkten in Übersee (von denen die USA und das Vereinigte Königreich bei Weitem die größte Zahl haben).[132]
- Die Beendigung verdeckter Regimewechsel-Operationen und einseitiger wirtschaftlicher Zwangsmaßnahmen, die einen schweren Verstoß gegen den Grundsatz der Nichtein-

mischung in die inneren Angelegenheiten anderer Nationen darstellen. (Die Politikwissenschaftlerin Lindsey O'Rourke hat allein für die USA zwischen 1947 und 1969 64 verdeckte Regimewechsel-Operationen (und die damit einhergehende weitreichende Destabilisierung) sorgfältig dokumentiert.[133]

- Beitritt aller Atommächte (USA, Russland, China, Großbritannien, Frankreich, Indien, Pakistan, Israel und Nordkorea) zu Artikel VI des Atomwaffensperrvertrags: »Alle Vertragsparteien müssen nach Treu und Glauben Verhandlungen über wirksame Maßnahmen zur Beendigung des nuklearen Wettrüstens und zur nuklearen Abrüstung sowie über einen Vertrag über allgemeine und vollständige Abrüstung unter strenger und wirksamer internationaler Kontrolle führen.«[134]
- Die Verpflichtung aller Länder, »ihre Sicherheit nicht auf Kosten der Sicherheit anderer Länder zu stärken« (gemäß der OSZE-Charta).[135] Die Staaten verpflichten sich, keine Militärbündnisse einzugehen, die ihre Nachbarn bedrohen, und Streitigkeiten durch friedliche Verhandlungen und Sicherheitsvereinbarungen zu lösen, die durch den Sicherheitsrat der Vereinten Nationen unterstützt werden.
- Die Verpflichtung aller Nationen zur Zusammenarbeit beim Schutz der globalen Gemeingüter und der Bereitstellung globaler öffentlicher Güter, einschließlich der Erfüllung des Pariser Klimaabkommens, der Ziele für nachhaltige Entwicklung und der Reform der UN-Institutionen.

Die heutigen Konfrontationen der Großmächte, insbesondere die Konflikte der USA mit Russland, China, dem Iran und Nordkorea, sind größtenteils auf das fortgesetzte Streben der USA nach Unipolarität durch Regimewechsel-Operationen, willkürliche Kriege, einseitige Zwangssanktionen und das globale Netzwerk von US-Militärstützpunkten und -bündnissen zurückzuführen. Die oben aufgeführten zehn Prinzipien würden dazu beitragen, die Welt zu einem friedlichen Multilateralismus zu führen, der durch die UN-Charta und die internationale Rechtsstaatlichkeit geregelt wird.

Gespräch mit Jeffrey Sachs & Oskar Lafontaine

Westend: Wenn man den Namen Jeffrey Sachs hört, kommt einem zwangsläufig der Begriff »Schockdoktrin« in den Sinn. Liest man jedoch Ihre Artikel aus den 90er Jahren und betrachtet die Geschichte der Privatisierung Polens und Russlands und Ihre Rolle dabei, dann erscheint diese Formulierung problematisch. Ihre Privatisierungsvorschläge verlangten von den USA und der Internationalen Gemeinschaft staatliche Mittel in Milliardenhöhe, um den Schock für diese im Wandel begriffenen Gesellschaften abzufedern. In Polen scheint dies geschehen zu sein. Aber während die Privatisierung in Russland durchgesetzt wurde, wurden die damit verbundenen internationalen Finanzmittel nicht bereitgestellt. Ist das richtig? Und wenn ja, wie hat sich das auf die Kriminalität, die Demokratie und die Gesellschaft im Allgemeinen in Russland ausgewirkt? Sehen die Russen dies als ein weiteres gebrochenes Versprechen des Westens, oder handelt es sich eher um eine unbekannte Geschichte?

Sachs: Nun, ich war Berater einiger Regierungen in Osteuropa während der Revolutionen, die ab 1989 stattfanden. Mein Ziel als Wirtschaftswissenschaftler war es damals, diesen Gesellschaften zu helfen, einen schnellen und erfolgreichen Übergang zu Wohlstand und sozialer Gerechtigkeit zu schaffen. Was auch immer gesagt wurde – und es wurde viel Dummes über diese Zeit gesagt und geschrieben –, mein Ziel war es immer, dafür zu sorgen, dass das alte und gescheiterte sowjetisch dominierte Wirtschaftssystem durch eine »Mixed Economy« (eine Wirtschaftsordnung, in der sowohl privatkapitalistische als auch staatlich-öffentliche Elemente existieren, Anm. d. Übers.) ersetzt wird, die den Interessen der betroffenen Länder und aller Menschen in diesen Ländern dient. Und ich habe immer betont, dass diese Länder Hilfe brauchen, um nach Jahren oder sogar Jahrzehnten einer tiefen Wirtschaftskrise diesen Wandel zu vollziehen.

Als ich 1989 die polnische Regierung beriet, empfahl ich viele Maßnahmen, wie den Erlass der polnischen Schulden und eine finanzielle Soforthilfe, die es ermöglichten, eine recht schnelle wirtschaftliche Transformation zu vollziehen und der Europäischen Union beitreten zu können. Das war eine sehr erfolgreiche Transformation. Rückblickend war dies vielleicht die Periode der stärksten wirtschaftlichen Entwicklung in der modernen Geschichte Polens. Darauf bin ich sehr stolz. Als ich das Wirtschaftsteam von Präsident Gorbatschow und danach das von Präsident Jelzin beriet, empfahl ich ähnliche Maßnahmen: Schuldenerlass, finanzielle Nothilfe für Russland und andere Schritte zur Linderung einer sehr scharfen und ernsten Wirtschaftskrise. Aber alle meine Empfehlungen wurden vom Weißen Haus – und, wie ich glaube, auch von anderen westlichen Regierungen – abgelehnt. Sie betrachteten die Sowjetunion unter Gorbatschow sowie die Russische Föderation unter Jelzin weiterhin eher als Feind denn als Partner für den Frieden. Dies gilt insbesondere für die Vereinigten Staaten, die bereits Anfang der 90er Jahre mit jener Arroganz und Grandiosität auftraten, die charakteristisch für den Neokonservatismus werden sollte. Die US-Politiker in dieser Tradition strebten eine unipolare Welt unter der Führung der USA an, manchmal auch als US-Hegemonie bezeichnet. Sie waren weniger daran interessiert, Gorbatschows Sowjetunion oder Jelzins Russland zu helfen, als daran, ihre Vormachtstellung zu sichern – und so wurden meine Empfehlungen in Washington rundweg abgelehnt.

Einige Leute denken, die historische Entwicklung Russlands sei unmittelbar das Ergebnis meiner wirtschaftspolitischen Empfehlungen, dabei hatte ich genau das Gegenteil davon empfohlen. Aber darauf möchte ich nicht weiter eingehen. Das ist leider die klassische Arbeitsweise der Medien, die in ihrer Naivität die dümmsten Dinge ständig wiederholen. Ich spreche und schreibe seit dreißig Jahren über diese Themen, und ich bin, damals wie heute, in meiner Wirtschaftsphilosophie und meinem Ansatz ein Sozialdemokrat und ein Anhänger der internationalen Hilfe, wenn Länder in Schwierigkeiten sind. Mein Ziel ist es, den Frieden zu schützen und die internationale Zusammenarbeit zu stärken. Das sind die Grundsätze, an die ich seit Langem glaube. Leider wurde ich als Berater der postkommunistischen Regierungen direkt mit der Realität der US-Neokonservativen und ihrer Arroganz konfrontiert. Und das war nur ein Vorzeichen für das, was später kommen sollte: die vielen Kriege, die die USA geführt haben, und die NATO-Osterweiterung – alles nur zu dem Zweck, die Macht der USA zu erweitern, ungeachtet der Konsequenzen für die internationale Gemeinschaft.

Westend: Herrn Lafontaine, Sie waren von 1992 bis 1993 Bundesratspräsident und von 1998 bis 1999 Finanzminister sowie Vorsitzender zweier Bundesparteien. Dazwischen lagen zahlreiche andere Ämter, die gerade in der Zeit der deutschen Wiedervereinigung und der NATO-Osterweiterung auch von großer Bedeutung waren. Nicht zuletzt durch ihr jüngstes Buch *Ami, It's Time To Go: Plädoyer für die Selbstbehauptung Europas* haben Sie eine führende Rolle als Amerika- und NATO-Kritiker eingenommen, und schon in den frühen Tagen der NATO-Bombardierung Serbiens 1999 waren Sie ein lautstarker Gegner. War das denn schon immer so? Hat sich Ihre Haltung zur NATO im Laufe der Jahre geändert? Hat sich die NATO im Laufe der Jahre verändert?

Lafontaine: Als junger Mann wurde mir natürlich – wie allen, die damals in Westdeutschland aufwuchsen – beigebracht, dass die USA die Guten sind und die Russen die Bösen. Mit dieser Überzeugung bin ich groß geworden. Die ersten Zweifel kamen mir – und meiner ganzen Generation – während des Vietnamkriegs, in dem die USA Chemiewaffen einsetzten und rund drei Millionen Menschen ihr Leben verloren. Spätestens in dieser Zeit wurden viele junge Deutsche zunehmend kritischer gegenüber der Politik der Vereinigten Staaten und glaubten nicht mehr an das, was die Medien und die veröffentlichte Meinung immer wieder heruntergebetet haben: dass der Westen gut sei und der Osten schlecht. Aber trotzdem wurde die NATO in den ersten Jahrzehnten nach dem Krieg immer noch überwiegend als ein Verteidigungsbündnis angesehen. Obwohl man bereits die inzwischen berühmte Warnung des damaligen Präsidenten Eisenhower kannte, über den großen Einfluss, den der militärisch-industrielle Komplex auf die US-Politik hätte, und dass dies kein gutes Ende nähme.

Im Laufe der Jahre wurden dann die völkerrechtswidrigen US-Kriege immer häufiger zum Thema, und im Zusammenhang damit veränderte sich auch die Wahrnehmung der NATO, spätestens mit der Osterweiterung. Die NATO wurde nicht mehr als ein Verteidigungsbündnis angesehen, sondern mehr und mehr als ein Instrument der Vereinigten Staaten, um ihre geopolitischen Ziele durchzusetzen. Und ich glaube, das ist nach wie vor die richtige Analyse. Heute ist die NATO definitiv ein geopolitisches Instrument der USA. Deshalb spreche ich auch in Diskussionen nicht mehr von »der NATO«, sondern von »den USA und ihren Verbündeten« oder »den USA und ihren Vasallen«, um deutlich zu machen, dass der frühere Eindruck – die NATO sei ein Verbund gleichberechtigter Staaten, die sich unter der Führung der USA zu einem Verteidigungsbündnis zusammengeschlossen hätten – heute abzulösen ist durch die Realität, die darin besteht, dass die USA die einzige Weltmacht sein (und bleiben) wollen und dafür dieses Bündnis instrumentalisieren.

Mein Fazit aus den letzten Jahren ist: Die USA sind die aggressivste Weltmacht überhaupt und völlig ungeeignet, ein Verteidigungsbündnis anzuführen. Sie können nur deshalb so operieren, wie sie es derzeit tun, weil sie ein Bündnis von mehr oder weniger willigen Vasallen haben, die bereit sind, ihre geopolitischen Ziele mitzutragen – bis hin zu einer kriegerischen Auseinandersetzung mit China.

Sachs: Darf ich eine Frage stellen, Oskar? Nachdem Ihnen und vielen von uns klar geworden ist, dass die Vereinigten Staaten beständig militaristisch und aggressiv sind und auf eine weitere NATO-Osterweiterung drängen, insbesondere auf die Ukraine und Georgien – warum hat die deutsche Führung nicht mehr getan, um den Vereinigten Staaten zu kommunizieren, dass dies ein sehr gefährliches und unverantwortliches Projekt ist? Die Bundeskanzlerin Angela Merkel muss doch gewusst haben, dass dies keine gute Idee war. Sie versuchte zwar, sich dagegen zu wehren, aber nicht gerade lautstark. Und jetzt hören wir nicht einmal ein Wort von Bundeskanzler Scholz dagegen, obwohl es offensichtlich ist, dass die Politik, die die USA vorantreiben, nicht im Interesse Deutschlands, nicht im Interesse Europas, man kann sogar sagen, in niemandes Interesse ist. Warum also schweigen die deutschen Staats- und Regierungschefs, abgesehen von einigen wenigen, so sehr zu diesem Thema?

Lafontaine: Eine überzeugende Antwort kann ich nicht geben. Willy Brandt, Helmut Schmidt, Helmut Kohl und Gerhard Schröder hatten noch den Mut und waren auch in der Lage, deutsche Interessen in diesem Dialog einzubringen, aber schon in der Ära von Angela Merkel erfolgte dies eigentlich nicht mehr und nun bei Olaf Scholz gar nicht mehr.

Bereits 2008, in der Diskussion, ob man die Ukraine und Georgien in die NATO aufnehmen sollte, leistete die Bundesregierung eigentlich keinen wirklichen Widerstand. Die USA handelten nach dem Motto: »Ihr könnt protestieren, aber wir werden die Ukraine Schritt für Schritt aufrüsten und in die NATO aufnehmen.« Und genau so wurde es dann auch umgesetzt. Faktisch hat man die Ukraine Zug um Zug in die NATO-Strukturen integriert.

Angela Merkel hat zwar gemurrt, aber die USA hörten seit 2002 ihr Handy ab und nahmen sie nicht sonderlich ernst. Und Olaf Scholz ist eine einzige Katastrophe. Manche glauben, dass die USA bezüglich seiner Verwicklung in den Cum-Ex-Skandal irgendetwas gegen ihn in der Hand haben, um ihn zu nötigen. Ob das zutrifft, weiß ich nicht. Aber Fakt ist unbestritten, dass er alles abnickt, was die USA vorgeben. Es gab noch nie einen Bundeskanzler, der Deutschland so sehr geschadet hat.

Westend: Warum regt sich in der deutschen Bevölkerung kaum Widerstand gegen diese Politik?

Lafontaine: Darauf habe ich leider keine Antwort. Ich kann nur feststellen: Die Friedensbewegung, in der ich mich ja auch stark engagierte, war in ihren besten Zeiten eine Protestbewegung gegen die falsche Politik der Vereinigten Staaten. Die falsche Politik bestand damals vor allem darin – und das erleben wir momentan ja wieder –, hier in Deutschland Mittelstreckenraketen zu stationieren, die praktisch keine Vorwarnzeit haben. Diese Raketen sind das Messer am Hals einer Atommacht, nämlich Russland. In keinem Fall würden die USA in ihrer Nähe Atomraketen dulden, die in Minuten Washington erreichen können und damit keine Zeit zur Reaktion lassen. Der Verweis darauf, dass diese Raketen »zunächst« nicht mit Atomwaffen armierten werden, ist geradezu lächerlich. Wie sollen die Russen darauf vertrauen, dass die USA dieses Versprechen einhalten, nachdem aus ihrer Sicht schon mehrfach

Versprechen und Verträge gebrochen wurden. Man denke nur an die Zusage an Gorbatschow, die NATO nicht nach Osten zu erweitern. Leider sind sich heute viel zu wenige Menschen der großen Gefahr bewusst, die von diesen US-Raketen ausgeht. Damals in den 80er Jahren gab es gegen die Stationierungspläne einen richtigen Aufstand. Heute nimmt man alles mehr oder weniger hin. Man könnte zur Erklärung auf Hannah Arendt zurückgreifen, die einmal sagte: *»Wenn alle dich immer anlügen, führt das nicht dazu, dass du die Lügen glaubst, sondern vielmehr dazu, dass niemand mehr irgendetwas glaubt.«*[136] Die Menschen werden teilnahmslos, resignieren und reagieren nicht mehr. Vielleicht verursachte ebenjene Reizüberflutung, die durch so viele Lügen und Unwahrheiten herbeigeführt wurde, dass die Menschen heutzutage nicht mehr laut werden. Schon lange vor Hannah Arendt schrieb Franz Kafka in seinem Roman *Der Prozess*: »Hier wird die Lüge zur Weltordnung gemacht.«[137]

Sachs: Einige der europäischen Staats- und Regierungschefs, von denen ich weiß, dass sie 2008 absolut gegen das Vorgehen der USA waren, sagen heute kein Wort mehr. Ich weiß das deshalb genau, weil sie mir damals gesagt haben, wie schrecklich es sei, dass die USA die NATO-Erweiterung vorantrieben. Jetzt sind sie in noch höheren Positionen und äußern nur noch die US-Standpunkte. Und was hat Europa davon? Nichts.

Westend: Sie fragten Herrn Lafontaine bereits, warum die europäischen Staats- und Regierungschefs so beharrlich schweigen. Aber haben Sie selbst eine These? Profitieren sie irgendwie von der Eskalation mit Russland?

Sachs: Ich weiß es nicht, und ich war sehr angetan, als Tucker Carlson in seinem Interview[138] mit Putin ihn fragte, warum Scholz so ruhig blieb, als Nord Stream gesprengt wurde, und Putin antwortete: »Ich weiß es nicht.«

Ich weiß es wirklich auch nicht. Ich habe diese Politiker gefragt. Entweder logen sie mir ins Gesicht (weil ich weiß, was sie glauben), oder sie sagten mir privat die Wahrheit und dann öffentlich etwas anderes. Einer von ihnen sagte zu mir: »Na ja, Washington behandelt uns wie Kinder, also gebe ich keinen Kommentar ab.« Aber ich frage mich, warum er sich in Washington wie ein Kind behandeln lässt. Das ist mir wirklich ein Rätsel. Ich denke, wenn die europäischen Staaten den USA sagen würden: »Das ist schlecht für uns, das ist gefährlich. Wir wollen keinen dritten Weltkrieg, wir wollen keinen Militarismus«, dann müssten die USA mit ihrer aggressiven Politik aufhören.

Lafontaine: Die Zerstörung der Nordstream-Pipelines war ein Terrorakt, eine Kriegserklärung an Deutschland und Europa. Die Tatsache, dass weder die Ampel-Politiker noch der ehemalige BlackRock-Lobbyist Friedrich Merz und seine kriegslüsternen »Verteidigungsexperten« wie Roderich Kiesewetter Konsequenzen fordern für die USA, die Ukraine und andere Staaten, die möglicherweise beteiligt waren, zeigt, welch jämmerliches und willfähriges politisches Personal wir haben. Man muss sich für sie schämen.

Willy Brandt und Helmut Schmidt hatten noch Selbstachtung und Stehvermögen. Sie konnten zu den US-Präsidenten sagen: »Nein, diese Herangehensweise gefällt uns nicht.« Schmidt beispielsweise sagte Jimmy Carter so oft die Meinung, dass Carter ihn später in seinen Memoiren als »Nervensäge« beschrieben hat.[139] Auch Schröder, wesentlich später, sagte zu George W. Bush, dass er bitte schön ohne Deutschland in den Irak einmarschieren solle. Nach Schröder war das vorbei.

Man muss bedenken: In vielen Fällen würde eine einzelne europäische Stimme, ein Veto, reichen, um eine Entscheidung zu blockieren. 2008 zum Beispiel, als es um die Aufnahme der Ukraine und Georgiens in die NATO ging, hätte ein verbindliches Veto eines einzigen Mitgliedstaates ausgereicht, um dieses Vorhaben zu verhindern. Aber niemand sagte etwas. Und das ist heute nicht anders. Der Einzige, der zurzeit vielleicht etwas sagen würde, ist Viktor Orban. Doch Orban wird von den politischen Zwergen Europas angegriffen, weil er die Sinnlosigkeit des Ukrainekrieges erkannt hat und versucht, Friedensverhandlungen auf den Weg zu bringen.

Westend: In Ihren Essays haben Sie sich weitgehend auf die Biden-Regierung konzentriert, doch im November stehen in den USA ja Wahlen an. Würde ein Wahlsieg von Kamala Harris im November etwas verändern oder sind die Neocons stark genug, um auch ihre Regierung zu kontrollieren?

Sachs: Ich denke, wir müssen verstehen, dass die USA nicht so sehr von diesen beiden politischen Parteien oder diesen Wahlen bewegt werden, sondern dass es sich um längerfristige und tiefergehende Trends handelt. Seit 1991 befinden sich die USA auf einem selbsternannten Kurs der unipolaren Welt, also der US-Hegemonie. Egal ob Clinton, Bush, Obama, Trump oder Biden Präsident war, sieht man von kleineren Unterschieden ab, war ihre Außenpolitik im Kern dieselbe: Alle fünf waren in meinen Augen miserable Präsidenten, die die Welt näher an einen Atomkrieg geführt haben. Allesamt verhielten sie sich respektlos gegenüber Russland und China und verschärften die globalen Spannungen mit ihrem Anspruch, Vertreter der alleinigen Weltmacht zu sein. Clinton bombardierte Serbien. Bush marschierte in Afghanistan und im Irak ein und forcierte den NATO-Beitritt der Ukraine und Georgien, nachdem bereits 2004 sieben mittel- und osteuropäische Länder unter seiner Ägide in die NATO aufgenommen wurden. Obama intervenierte im Syrienkrieg, um Assad zu stürzen, startete die NATO-Invasion in Libyen, um Gaddafi zu stürzen, stürzte Wiktor Janukowytsch in der Ukraine (oder leitete zumindest dessen Sturz ein) und begann die Anti-China-Politik mit seinem Vorschlag für eine Handelsbeziehung mit Asien, die China ausschloss. Trump war als Präsident zutiefst instabil, brach das Abkommen mit dem Iran, rüstete die Ukraine weiter auf, setzte das Streben nach NATO-Erweiterung fort und militarisierte den Nahen Osten weiter. Und Biden war vielleicht der Schlimmste, denn er hat definitiv jeden bereits existierenden Konflikt weiter eskaliert und uns an den Rand eines Krieges mit China gebracht.

Es handelt sich also um ein langfristiges Projekt. Dabei geht es nicht um Demokraten oder Republikaner. Wer Präsident wird, spielt keine allzu große Rolle. Über die wirklich wichtigen Fragen entscheidet, was man durchaus den »Deep State« nennen kann: Das CIA, das Pentagon, der militärisch-industrielle Komplex. Deren Entscheidungen dienen nicht der amerikanischen Bevölkerung, sondern allein den finanziellen Interessen einiger Weniger. Die USA als Ganzes sind in den letzten Jahrzehnten nur instabiler, ärmer, unsicherer, gefährdeter und vernachlässigter geworden, die Infrastruktur ist zusammengebrochen, weil wir seit dreißig Jahren ununterbrochen Krieg führen. Ich glaube also nicht, dass es allzu viel ausmacht, ob Harris oder Trump gewählt wird. Beide wären nicht meine Lieblingskandidaten. Es bedarf eines tiefgreifenden Wandels.

Werden die USA diesen Wandel anführen? Wahrscheinlich nicht. Aber wenn drei oder vier hochrangige Politiker in Europa sagen würden: »Genug ist genug!«, dann könnte das die USA zwingen, ihre Haltung zu ändern. Wir haben momentan einige wenige Regierungschefs, Fico in der Slowakei und Orban in Ungarn, dazu vielleicht noch einige Politiker in Deutschland, Italien oder andernorts, die das tun können. Das würde einen entscheidenden Wandel herbeiführen. Auch weil sie bei der amerikanischen Bevölkerung, die die US-Außenpolitik mehrheitlich ablehnt, wohl Resonanz finden würde. Die aktuelle Außenpolitik der USA ist unpopulär, weil sie sich gegen die allgemeinen Interessen des amerikanischen Volkes richtet. Aber der Deep State ändert sich nun mal nur sehr ungern und sehr langsam.

Westend: Jeff, im Jahr 2016 gab es einen riesigen Wirbel um die Einmischung Russlands in die US-Wahlen. Die Demokraten im Kongress und im Senat waren völlig außer sich. Aber es ist schwer, den Unterschied zu erkennen zwischen dem, was die USA und die NATO-Länder in Osteuropa getan haben, und dem, was Russland nun vorgeworfen wurde. Übersehe ich da etwas? Oder ist diese Empörung nur eine Ablenkung von innenpolitischen Problemen, damit die Amerikaner sich nicht mit den Krisen im eigenen Land befassen?

Sachs: Nun, ich denke, es ist viel schlimmer als das, denn fast jeder Vorwurf, der gegen Russland erhoben wurde, hat sich als falsch erwiesen. Und auch dieser Vorwurf erwies sich als Fehlinformation von Sicherheitsbeamten, ehemaligen und aktuellen Mitarbeitern der CIA. Es gab keine russische Intervention in die US-Wahlen. Das war ein Spiel, das Hillary Clinton gespielt hat. Stellt man die Frage, welches Land sich weltweit am häufigsten in die inneren Angelegenheiten anderer Länder einmischt, dann ist die Antwort klar: die Vereinigten Staaten. Es ist fester Bestandteil unserer Außenpolitik, Regierungen zu stürzen, Länder zu destabilisieren und die Wahlkämpfe von Politikern in anderen Ländern zu finanzieren. Wenn das in den Vereinigten Staaten offen ausgesprochen würde, wäre das natürlich ein absoluter Skandal. Aber Institutionen wie das National Democratic Institute, das National Endowment for Democracy, das National Republican Institute und auch manche Nichtregierungsorganisationen, von denen ich weiß, bezahlen, wie ich aus erster Hand beobachtet habe, buchstäblich die Kampagnen ausländischer Politiker und destabilisieren andere Länder. Das ist kein Mythos, sondern wesentlicher Bestandteil der US-Außenpolitik. Im Gegensatz zu dieser Tatsache war das praktisch alles, was 2016 über Russland gesagt wurde, eine direkte Lüge. Es ist aus meiner Sicht noch schlimmer als einfache Heuchelei, es ist glatte Täuschung.

Westend: Nach den Sanktionen, die die USA gegen Russland eingeleitet haben, schrieb Professor Sachs, dass der Hauptverlierer bei dieser ganzen Sache Europa sei. Was ist Ihre Prognose hinsichtlich der wirtschaftlichen Entwicklung? Können sich die europäischen Staaten von den Sanktionen gegen Russland erholen?

Lafontaine: Das Hauptproblem für die europäische Wirtschaft sind die viel zu hohen Energiepreise. Wenn man, wie Deutschland, eine große Industrie hat, dann benötigt man eine Menge Energie zu günstigen Preisen. Durch die Sanktionen und die Sabotage der Nordstream-Pipelines ist diese günstige Energie nicht mehr verfügbar, und das ist ein großes Problem – für ganz Europa, aber besonders für Deutschland, das die größte europäische Industrienation ist. Wenn wir unsere Haltung gegenüber Russland also nicht in naher Zukunft ändern, wird unsere Wirtschaft immer weiter schrumpfen.

Deinen Einlassungen zum amerikanischen Parteiensystem, denen ich vollkommen zustimme, würde ich gerne das vernichtende Urteil von Gore Vidal hinzufügen, der einmal sagte: »Wir haben in den USA kein Zwei-Parteien-System, wir haben ein Ein-Parteien-System.«[140] Es heißt immer wieder, die USA hätten zwei Parteien, von denen die eine mehr und die andere etwas weniger für den Krieg sei, aber die Realität ist: Sie haben eine Partei, und die ist für Krieg. Und die Kriege der USA sind, wie du sagst, die Kriege des Deep State. Ich habe das selbst feststellen können, als ich die Gelegenheit hatte, mit George H. W. Bush und Bill Clinton zu sprechen. Beide betrieben im Grundsatz dieselbe Außenpolitik, beide führten Kriege, um die Interessen der USA durchzusetzen, Clinton in Jugoslawien und Bush im Irak. Die Frage, die sich stellt, ist also vor allem: Wie kann man einen Deep State in den USA und woanders verhindern? Wie kann man beispielsweise den Einfluss der Waffenindustrie und der Finanzindustrie zurückdrängen?

Dass das notwendig ist, kann ich durch eine interessante Anekdote belegen. Als ich als deutscher Finanzminister Vorschläge zur Regulierung der Finanzmärkte machte, antwortete mir der damalige Staatssekretär Larry Summers: »Das können wir nicht machen. Die Wall Street hat den Wahlkampf des Präsidenten finanziert.« Nach der Nominierung von Kamala Harris als Präsidentschaftskandidatin der Demokraten und dem dann einsetzenden hohen Spendenaufkommen hat der wackere Bernie Sanders wieder gefordert, die großen Spenden der Millionäre und Milliardäre aus den US-Wahlkämpfen zu verbannen. Aber dafür ist es vielleicht schon zu spät. Die großen Spenden, diese Politik der gekauften Mäuler, gehören mittlerweile zur DNA der USA. Der ehemalige US-Präsident Jimmy Carter sagte zu Recht einmal: »Die USA sind eine Oligarchie mit unbegrenzter politischer Bestechung.«[141]

Sachs: Ich kann auch eine lustige Anekdote über Gore Vidal erzählen. 2008 wurde er in seinem Haus in Italien für eine Biografie interviewt, und zwar zufällig in der Nacht, in der Obama zum Präsidenten gewählt wurde, also im November 2008. Die Kameras waren auf ihn gerichtet, als auf dem Bildschirm verkündet wurde, dass Obama die Wahl gewonnen hat, und Gore Vidal saß einfach reglos da. Als die Leute ihn fragten: »Sind Sie nicht aufgeregt, Herr Vidal, dass Obama zum Präsidenten gewählt wurde?«, sagte er: »Nein. Wenn Sie Präsident werden, haben Sie Ihre Seele schon zehnmal verkauft. Nichts wird sich ändern.«[142]

Vidal hatte recht. Aber wie kann sich das nun ändern? Nun: Es ist sehr schwer, denn wir werden jede einzelne Minute belogen. Es gibt nicht einen Tag, an dem unsere Politiker die Wahrheit sagen. Und es ist erstaunlich, das zu sehen. Ich habe lange Zeit nicht viel davon verstanden, aber heute ist mir klar: Die Lügen sind so tiefgreifend, dass es sogar möglich war, einen Präsidenten zu töten (denn meine Überzeugung ist, dass Kennedy durch eine Verschwörung der US-Regierung getötet wurde), und zwar am helllichten Tag, und es wurde nie richtig untersucht. Wenn man mit einem solchen Staatsstreich davonkommt, dann kann man mit allem davonkommen. Und das ist auch die Einstellung der Machtelite, die da lautet: Wir können uns jederzeit alles erschwindeln.

Das macht es sehr schwer, etwas zu verändern, und leider wiederholen alle unsere Mainstream-Medien (New York Times, Washington Post, Wall Street Journal,) nur das herrschende Narrativ. Niemand will die Kontroversen auch nur ansatzweise diskutieren. Niemand. Ab dem Tag, an dem ich im Fernsehen sagte, dass ich glaube, die Vereinigten Staaten hätten die Nord-Stream-Pipelines in die Luft gejagt (was eigentlich ziemlich offensichtlich ist), wurde ich nie wieder ins US-Mainstream-Fernsehen eingeladen. Sie haben mich innerhalb von zehn Sekunden abgeschnitten, als ich das gesagt habe, und das war dann das Ende. Früher war ich alle zwei oder drei Wochen im Mainstream-Fernsehen zu sehen. Es ist also eine sehr schwierige und sehr gefährliche Frage. Ich selbst bin der Meinung, dass die USA nur von außen und nicht von innen gezügelt werden können. Der Rest der Welt muss sagen: »Wir wollen nicht in einem Atomkrieg sterben. Wir wollen keinen Konflikt mit China haben. Wir wollen den Krieg mit Russland beenden. Wir wollen die Zwei-Staaten-Lösung im Nahen Osten.« Den USA muss sehr deutlich gesagt werden: »Ihr müsst damit aufhören, denn ihr seid nicht die einzige Macht auf der Welt.«

Lafontaine: Ich stimme dir prinzipiell zu, dass es notwendig ist, den Deep State der USA von außerhalb aufzuhalten. Ich setze auf die BRICS-Staaten. Diese haben sich in den letzten Jahren zu einem mittlerweile unbestreitbar gewichtigen Staatenbündnis entwickelt und damit das Machtgefüge der Welt so weit verändert, dass die USA in Zukunft nicht mehr dieselbe Politik machen können wie in der Vergangenheit. Aber mindestens ebenso wichtig ist, dass sich auch die europäischen Staaten gegen die US-Politik auflehnen, weil diese für die gesamte Weltgemeinschaft gefährlich ist. Europa war und ist der sogenannte Partner der Vereinigten Staaten, und genau in dieser Rolle muss es eben auch Stellung beziehen und widersprechen – so wie das in einer gleichberechtigten Partnerschaft üblich ist.

Und noch eine Anmerkung: Es ist ja hinreichend bekannt, dass die USA erneut planen, Raketensysteme in Deutschland zu stationieren. Und ich denke, eine logische militärische Antwort von russischer Seite bestünde nicht (nur) darin, jetzt Raketen auf Deutschland zu richten, sondern sich ebenfalls nach einem Raketenstützpunkt vor der amerikanischen Haustür umzusehen. Das war die Antwort, die Nikita Chruschtschow in der Kubakrise gegeben hat: »Wenn ihr Raketen habt, die in fünf Minuten in Moskau sind, dann muss ich Raketen haben, die in fünf Minuten in Washington sind.« Und ich befürchte, wir sind leider wieder genau an diesem Punkt angekommen.

Sachs: Das stimmt! Ich bin grundsätzlich der Meinung, dass der NATO-Artikel Zehn – der festlegt, dass sich die NATO ausdehnen kann, wie sie will, ohne dass ein Drittland Einspruch erheben kann – die absurdeste Idee aller Zeiten ist. Das ist eine Politik der offenen Tür: Wenn die Ukraine in die NATO will und die NATO in die Ukraine will, hat Russland kein Mit spracherecht. Als diese Idee zum ersten Mal gegen die Vereinigten Staaten angewandt wurde, kam es in Kuba fast zu einem Atomkrieg, weil die Amerikaner sagten: »Auf keinen Fall! Sie haben kein Recht, sich uns zu nähern und uns auf diese Weise zu bedrohen.« Doch dieses Prinzip geht noch viel weiter zurück. Bereits 1823, also vor knapp 200 Jahren, formulierte der damalige US-Präsident James Monroe das bis heute als Monroe-Doktrin bekannte Prinzip, dass keine europäische Macht das Recht habe, sich auf den amerikanischen Kontinenten einzumischen, dass die westliche Hemisphäre stattdessen US-amerikanisches Einflussgebiet sei. Nehmen wir an, China oder Russland würden mit Mexiko vereinbaren, einen Militärstützpunkt am Rio Grande zu errichten: Wie würden die USA reagieren? Würden sie sagen: »Oh, das ist in Ordnung, ihr habt das Recht dazu«? Oder würden innerhalb der nächsten Stunde US-Truppen in Mexiko einmarschieren? Sicherlich letzteres, daran gibt es keinen Zweifel. Die Heuchelei ist tiefgreifend.

Man könnte sagen: Nun gut, lasst uns ein »Gleichgewicht des Schreckens« haben, die Raketen der USA in Europa und die Raketen Russlands in Mexiko oder Kuba. Das Problem dabei ist: Eine solche Konstellation bringt uns ständig an den Abgrund des nuklearen Armageddons. Das beste Beispiel ist die Kuba-Krise 1962. Sowohl Chruschtschow als auch Kennedy wurden damals von ihren Beratern aufgefordert, in den Krieg zu ziehen. Kennedys Berater waren fast alle für Krieg, es gab nur eine Handvoll, die zur Vorsicht rieten. Selbst nachdem Kennedy und Chruschtschow bereits dem gegenseitigen Abzug der Raketen aus Kuba und der Türkei zugestimmt hatten, war die Gefahr nicht endgültig gebannt. Kurz darauf wurde nämlich von einem kampfunfähigen sowjetischen U-Boot beinahe ein nuklear bestückter Torpedo abgefeuert. Nach der US-Nukleardoktrin von 1962 zum Armageddon hätte solch ein atomarer Angriff das gesamte US-Atomwaffenarsenal freigesetzt – und zwar nicht nur auf die Sowjetunion, sondern auf ganz Mittel- und Osteuropa und China. Man rechnete für diesen Fall mit 700 Millionen direkten Toten. Und im Kommandoposten saß damals der absolut verrückte Chef der US-Luftwaffe, Curtis E. LeMay, der Kennedy für einen Verräter hielt und im Grunde genommen die Welt vernichtet hätte, wenn er die Möglichkeit dazu gehabt hätte. Mein Argument ist also: Das »Gleichgewicht des Schreckens« ist ein gefährlicher Weg, den man nicht einschlagen sollte. Es wäre besser, die USA würden sich zurückhalten. Es wäre besser, die deutsche Bundesregierung würde sagen: Auf keinen Fall stellen Sie diese Raketen auf unserem Territorium auf.

Westend: Was muss passieren, damit die Bundesregierung ihren außenpolitischen Kurs ändert? Muss sich dafür erst in den USA etwas bewegen? Oder ist dafür ein Regierungswechsel in Deutschland notwendig?

Lafontaine: Ich denke schon, dass ein Kurswechsel in der deutschen Außenpolitik prinzipiell möglich ist. Aber aktuell hängt eine solche Veränderung von den Vereinigten Staaten ab. Jeder kann sehen, dass die Bundesregierung momentan exakt dieselbe Linie fährt wie Washington. Wenn also die USA ihre Politik ändern, dann wird die Scholz-Regierung das auch tun. Aber wenn die Hardliner in den USA stur den derzeitigen Kurs halten, dann habe ich angesichts der Unterwürfigkeit der deutschen Politiker wenig Hoffnung. Ein Regierungswechsel zugunsten von Merz und der CDU/CSU würde im Übrigen nichts ändern. Der Kern des Problems liegt ja darin – und das ist auch der Grund dafür, wie es überhaupt so weit kommen konnte –, dass die politische und die mediale Haltung in Europa, vor allem in Deutschland, immer exakt auf Linie mit den USA gebracht wird, selbst wenn das für uns den geopolitischen Selbstmord bedeutet.

Westend: Wie sieht Ihre Prognose für den Ukrainekrieg aus? Wie wird er sich weiterentwickeln: militärisch, wirtschaftlich und geopolitisch?

Sachs: Ich fürchte, der Krieg wird weitergehen und die Ukraine wird jeden Tag eine große Zahl von Menschen verlieren, teilweise 1000 bis 2000 Tote und Verwundete pro Tag. Die Ukraine wird weiterhin Territorium verlieren, bis eines Tages der amerikanische Präsident bei Präsident Putin anruft und zugibt, dass die NATO-Erweiterung wirklich eine schlechte Idee war. In diesem Moment endet der Krieg. Solange wir aber einen NATO-Generalsekretär haben, der jeden Tag sagt, die Ukraine wird Teil der NATO werden, und solange wir einen amerikanischen Präsidenten haben, der sagt, die Ukraine wird Teil der NATO werden, wird der Krieg weitergehen – und zwar entweder bis die Ukraine vollständig von Russland eliminiert wird oder es zur weiteren Eskalation bis hin zum Atomkrieg kommt. Oder eben bis die amerikanische Führung einknickt und die NATO-Erweiterung stoppt. Dann wird Russland wahrscheinlich den Krieg beenden, und echte Verhandlungen können beginnen. Das war übrigens seit 2008 jederzeit möglich. Und es war die Grundlage für die

Waffenstillstandsverhandlungen im März 2022, als die Vereinigten Staaten die Ukraine daran hinderten, den Krieg auf dieser Grundlage zu beenden.

Wir wissen also, wie der Krieg enden könnte. Wir wissen, dass die Ukraine nicht gewinnen kann. Wir wissen, dass die einzigen realistischen Szenarien darin bestehen, dass Russland die Ukraine vollständig besiegt oder dass es zu einer unvorstellbar schrecklichen Eskalation bis hin zum Atomkrieg kommt. Das sind die einzigen Alternativen zur Beendigung des Konflikts auf diplomatischem Wege. Als Präsident Putin am 15. Dezember 2021 den Entwurf eines Abkommens vorlegte, um den Krieg zu vermeiden, indem die NATO nicht erweitert und die Stationierung von Aegis-Raketen in der Nähe Russlands gestoppt wird, rief ich übrigens im Weißen Haus an und bat Jake Sullivan, das Abkommen anzunehmen, zu verhandeln und den Krieg zu vermeiden. Er sagte mir: »Keine Sorge, keine Sorge, es wird keinen Krieg geben.« Nun, da sieht man, wie es um die Weitsicht der Amerikaner steht. Die Leute im Weißen Haus sind arrogant. Sie sind es, die uns in diesen schrecklichen Krieg hineingezogen haben und die ihn in einem Augenblick beenden könnten, indem sie sich mit Präsident Putin in Verbindung setzen und die NATO-Erweiterung stoppen.

Lafontaine: Ich stimme dir voll und ganz zu, Jeff. Aber ich habe noch eine andere Frage: Was passiert, wenn Trump erneut Präsident wird? Er hat ja mehrmals angekündigt, dass er in diesem Falle den Krieg in der Ukraine sofort beendet. Wäre das deiner Meinung nach möglich?

Sachs: Es ist jedenfalls nicht unmöglich. Aber eines muss klar sein: Selbst wenn Trump den Ukrainekrieg beendet, dann nur, um sich auf China zu konzentrieren. Er will keinen nachhaltigen Frieden schaffen. Trump und seine Berater spielen stattdessen mit der Idee, Frieden mit Russland zu schließen, um Krieg mit China führen zu können. Insofern traue ich ihnen überhaupt nicht.

Aber es ist nicht unmöglich, dass Trump das tun würde. Es ist auch nicht unmöglich, dass Harris das tun würde. Selbstverständlich ist es das einzig Vernünftige, das ein US-Präsident tun kann. Möglicherweise ist Biden selbst eine Blockade für Friedensverhandlungen. Immerhin hat er die NATO-Erweiterung seit den 1990er Jahren eng begleitet und war 2014 sehr stark in die Entwicklungen in der Ukraine involviert. Vielleicht lebt er noch in der Vergangenheit, weil er offensichtlich geistig nicht ganz dabei ist. Es könnte sein, dass er wirklich eine Blockade ist und dass der Deep State ansonsten nicht so völlig blind wäre, wie er es mit Biden ist. Es ist also möglich, dass wir einen Wandel herbeiführen, und deshalb müssen wir jeden Tag den Druck aufrechterhalten.

Westend: Hat die amerikanische Innenpolitik etwas damit zu tun, dass diese Außenpolitik fortgesetzt wird? Die Spaltung zwischen Arm und Reich, die Gesundheitspolitik: Sind das Gründe dafür, dass unsere Regierungen uns im Krieg halten?

Sachs: Im Ukrainekrieg geht es nicht darum, Popularität zu gewinnen, um von einer Krise im Inneren abzulenken. Diese Rechnung würde nicht aufgehen, denn die amerikanische Bevölkerung unterstützt diese Kriege nicht. Nur etwa dreißig Prozent befürworten Bidens Außenpolitik, und das ist eher eine Frage der Parteiloyalität als eine Frage der wirklichen Unterstützung. Ich habe dies den demokratischen Politikern gegenüber wiederholt betont. Es ist sehr merkwürdig, dass in den USA die Außenpolitik zu einem Wahlkampfthema wird, denn die Amerikaner interessieren sich für gewöhnlich nicht besonders dafür. Aber in diesem Fall ist es anders, Bidens Außenpolitik wird als großer Negativpunkt seiner Regierung angesehen. Wenn Kamala Harris versprechen würde, ein Ende des Krieges auszuhandeln, würde sie Stimmen gewinnen. Hier geht es also nicht um Popularität. Hier geht es um den Machtwahn des Deep State, um direkte Auftragsvergabe aus der Rüstungsindustrie und um fehlende Rechenschaftspflicht. Die Bevölkerung ist hingegen sehr nervös und unzufrieden, und das sollte sie auch sein.

Ich sollte noch einen weiteren Punkt hinzufügen: Nach aktuellen Schätzungen haben unsere Kriege seit 2001 – in Afghanistan, Irak, Syrien, Libyen und der Ukraine – rund sieben Billionen Dollar gekostet. Das ist selbst für die US-Wirtschaft eine Menge Geld. Und natürlich endeten alle diese Kriege katastrophal. Sie hatten überhaupt keinen Nutzen, aber waren ein großer Treiber für den Anstieg unserer Schulden, unserer riesigen Haushaltsdefizite und so weiter. Bisher wurden die Kosten, die das amerikanische Volk für die US-Kriege tragen musste, zumindest ein wenig abgefedert, dadurch dass diese weniger aus Steuern als aus Schulden finanziert wurden. Aber dadurch ist die Schuldenquote mittlerweile auf knapp hundert Prozent des BIP angestiegen. Weil auch die Öffentlichkeit die Kriege nicht unterstützt, also ist das alles für die Politik nur von Nachteil. Man hat den Eindruck, dass den Politikern gesagt wird, was sie zu tun haben; dass es nicht ihre Entscheidung ist, sondern die des Deep State, und sie machen nur mit.

Westend: Es war die Sozialdemokratische Partei, die die Maxime »Wandel durch Annäherung« erfunden und gelebt hat. Und dadurch kam es ja tatsächlich auch zu umwälzenden Entwicklungen. Welchen Reim machen Sie sich darauf, dass es heute eher konservative Parteien sind, die auf Diplomatie und Ausgleich mit dem Osten drängen, und dass die sich selbst »progressiv« nennenden Parteien weiter auf Konfrontation setzen?

Lafontaine: Der Kern linker Politik ist die Menschenwürde. Wer die beachtet, muss immer gegen den Krieg sein. Deshalb hatte Jeff völlig recht, als er vor einer Weile in einem Interview sagte, die Grünen sind keine linke, sondern eine rechte Partei. Ich denke, das ist ein valider Punkt: Wenn man für den Krieg ist, also gegen das Leben, dann ist man nach dem klassischen Verständnis eine rechte Partei. Und auf die SPD trifft das mittlerweile genauso zu: Die Partei ist heute eine völlig andere als zu meiner Zeit als Vorsitzender oder in den Tagen von Willy Brandt. Unter Olaf Scholz ähnelt sie eher den Demokraten in den USA. Sie ist schon lange keine linke Partei mehr. Bei konservativen Parteien hingegen findet man häufiger eine Fokussierung auf die Bevölkerung des eigenen Landes. Viktor Orbán beispielsweise ist sicher kein Linker, aber er kümmert sich mehr um das Schicksal der ungarischen Menschen als um irgendwelche transatlantischen Drohgebärden. Durch seine Ablehnung von Krieg und Zerstörung sowie seine Bemühungen, Friedensverhandlungen zu erreichen, ist er »linker« als die ehemals linken Parteien.

Die wichtigste Frage hierbei ist meines Erachtens jedoch: Was hat die Grünen, die aus der Friedensbewegung hervorgegangen sind, dazu bewegt, eine Kriegspartei zu werden? Und wie konnte die SPD, die sich früher für den Sozialstaat eingesetzt hat, zu einer Partei werden, die Milliarden für Rüstung ausgibt, während die Armutsquote in Deutschland steigt und steigt?

Sachs: Wir stellen uns hier in den Vereinigten Staaten genau dieselbe Frage, weil die Demokraten noch mehr als zuvor zur Kriegspartei geworden sind und dabei aktuell sogar die Republikaner überbieten. Bei ihnen gibt es fast keine Friedenskomponente mehr. Es ist sehr, sehr seltsam. Aber unsere Bezeichnungen für links und rechts sind im Grunde genommen auch völlig veraltet.

Westend: Sie beide haben das Ende des Kalten Krieges in wirklich spektakulären Positionen erlebt. Was sind Ihre eindrucksvollsten Erinnerungen? Was hat Sie überrascht? Was hat Sie beunruhigt? Und schließlich: Hätten Sie sich am Ende des Kalten Krieges die Entwicklungen vorstellen können, die wir heute erleben?

Sachs: Wenn ich an 1989 zurückdenke und an mein äußerst aktives Engagement bei den damaligen Ereignissen, dann muss ich immer daran denken, dass Präsident Gorbatschow damals von einem Frieden von Rotterdam bis Wladiwostok sprach, von einem »Gemeinsamen europäischen Haus«, wie er es nannte. Ich liebe diese Vision, und ich glaube bis heute daran, dass er recht hatte und dass dies erreicht werden kann. Im Sommer 1989 wurde ich der führende Wirtschaftsberater der neu gewählten Regierung in Polen. Als einer der führenden polnischen Aktivisten, Adam Michnik, der in Europa natürlich sehr bekannt war, mir sagte, dass sie an die Macht kommen würden, sagte ich: »Das ist erstaunlich, nach 45 Jahren. Wie?« Und er sagte: »Nun, ich habe gerade mit Präsident Gorbatschow telefoniert, und er sagte: ›Es ist Zeit, dass du in die Regierung kommst.‹ Und Michnik rief Wojciech Jaruzelski und die Solidaritätsbewegung an, brachte sie an einem Tisch zusammen und damit Frieden in Polen und in ganz Europa.

Und als ich 1991 mit Präsident Jelzin zusammentraf, sagte er: »Wir wollen einfach nur normal sein. Wir wollen friedlich und kooperativ sein.« Und er hat ohne Frage die Wahrheit gesagt. Diese Erfahrungen vor 35 Jahren prägten mich und verankerten in mir die Vorstellung von einer friedlichen Welt, in der sowohl die NATO als auch der Warschauer Pakt im Grunde überflüssig wären und wir dort eine gemeinsame Heimat haben würden, was wir heute Eurasien nennen – von Rotterdam bis Wladiwostok. Das ist bis heute meine Auffassung, übrigens nicht nur von Rotterdam bis Wladiwostok, sondern weltweit.

Ich glaube, dass dies möglich ist. Ich würde sagen, die bedeutendste Entwicklung in den letzten 35 Jahren, die ich als Wirtschaftswissenschaftler genau beobachtet habe, war der Aufstieg Chinas, der die Weltordnung grundlegend verändert hat. Aber auch der Aufstieg Indiens und die Vereinigung Afrikas zur Afrikanischen Union waren wichtige Entwicklungen. Wir haben heute die Voraussetzungen für eine friedliche Welt, in der die Europäische Union, die Afrikanische Union, Russland, China, Indien, Südamerika und die Vereinigten Staaten friedlich zusammenleben und in der wir unsere neuen Technologien nutzen, um die Energiekrise, die Umweltkrise, die Armutskrise und so weiter zu lösen. In diesem Sinne gibt es keinen Grund, pessimistisch zu sein, denn der Weg zum Frieden erfordert keine Wunder. Er erfordert lediglich grundlegenden Anstand, Höflichkeit, friedliche Diskussionen und Diplomatie mit den anderen – im Grunde genommen gegenseitigen Respekt. Und wenn wir unseren Weg dorthin finden und die jahrzehntelange Arroganz der US-Regierung und andere Hindernisse überwinden können, wird die Welt viel sicherer und viel besser aussehen. Das könnte schneller geschehen, als wir denken.

Lafontaine: Peter Scholl-Latour, mit dem ich befreundet war, sagte einmal: »Die Geschichte bewegt sich immer in Pendelbewegungen.« Das Pendel schwingt mal zu dieser Seite und dann zurück zur anderen Seite. Das könnte man auch auf den Ost-West-Konflikt beziehen: Wir hatten die Ära Brandt und die Ära Gorbatschow, das waren die Zeiten des Friedens, und jetzt ist das Pendel eher wieder auf der Seite des Krieges. In Deutschland reden alle nur noch von Krieg und von Waffen. Keines der Wörter, die die Politik der Annäherung bestimmten, ist heute noch aktuell. Niemand spricht heute beispielsweise von »gemeinsamer Sicherheit«. Würde ein solcher Begriff nicht tatsächlich die Welt verändern?

Zudem bewegt mich bereits seit Jahrzehnten die Frage, ob unser Wirtschaftssystem geeignet ist, die Probleme zu lösen, die wir jetzt ansprechen. Nehmen wir die Waffenindustrie als Beispiel. Es gibt ja Kritiker in den USA, die sagen, der Senat und der Kongress der Vereinigten Staaten werden von der Waffenindustrie gesteuert. Das knüpft an die Bemerkung von Eisenhower zum militärisch-industriellen Komplex an – so weit geht das schon zurück. Ich bin der Überzeugung, dass die Waffenindustrie nicht in privater Hand sein darf, weil sie sonst die Politik zu stark bestimmt.

Deshalb bin ich seit Langem dafür, die Waffenindustrie in staatliche Hand zu überführen. Ich kann mir nicht vorstellen, um mal eine provozierende Bemerkung zu machen, dass Xi Jinping oder Wladimir Putin von ihrer Waffenindustrie gesteuert werden. Die »Verteidigungsausgaben« der USA – also die Ausgaben, um Kriege in aller Welt zu führen – betrugen im Jahr 2023 916,9 Milliarden Dollar. Das zeigt, dass die Waffenindustrie den Kongress und den Senat steuert.

Also: Wenn die Welt besser werden soll, dann brauchen wir mindestens an diesen Stellen eine andere Wirtschaftsordnung. Es darf keine Macht geben, die Gewalt, privates Gewinnstreben und Krieg in sich vereint. Es geht aber nicht nur um die Waffenindustrie, sondern um Ökonomie überhaupt. Die Frage ist, ob wir es schaffen, eine Ökonomie zu entwickeln, die nicht die Zerstörung der Welt zur Folge hat, und zwar nicht nur durch Kriege, sondern auch durch den massiven Raubbau an der Umwelt und dessen Folgeschäden. Wir brauchen eine neue Wirtschaftsordnung, die nicht nur in der Lage ist, ohne Kriege und die Rüstungsindustrie auszukommen, sondern auch, den fortschreitenden Prozess der Umweltzerstörung zu stoppen. Und ich bin überzeugt, dass es dafür besser wäre, wenn die großen Unternehmen Belegschaftsunternehmen wären, also in sich demokratisierte Unternehmen. Das wäre ein Schritt in eine neue Zukunft, ein Schritt zu einer Entwicklung weg von der Oligarchie und hin zu einer demokratischen Gesellschaft.

Sachs: Fantastisch. Ich fühle ich mich jetzt, am Ende unserer Diskussion, viel besser, was die Lage der Welt angeht. Ich danke euch.

Lafontaine: Wir haben zu danken, Jeff. Du bist für uns Europäer eine der wichtigsten Stimmen aus den USA, vor allem wenn es darum geht, den Vasallenstatus zu überwinden und zu einer den Frieden stabilisierenden, selbstständigen europäischen Außenpolitik zu finden.

Anmerkungen

Ein umfassendes Quellenverzeichnis finden Sie auf unserer Webseite: www.westendverlag.de/diplomatie

Autorenbiographie

Jeffrey D. Sachs ist Präsident des UN Sustainable Development Solutions Network (SDSN) unter der Schirmherrschaft von UN-Generalsekretär António Guterres. Von 2001 bis 2018 war er Sonderberater der UN-Generalsekretäre Kofi Annan (2001–2007), Ban Ki-moon (2008–2016) und Antonio Guterres (2017–2018). Er leistete Pionierarbeit bei der Entwicklung neuer wirtschaftlicher Kennzahlen zur Messung von Nachhaltigkeit und Wohlbefinden, darunter der jährliche *World Happiness Report*, den er gemeinsam mit Lord Richard Layard und Prof. John Helliwell ins Leben rief, sowie der jährliche *Bericht über nachhaltige Entwicklung* und der *SDG-Index* des SDSN.

Als Akademiemitglied der Päpstlichen Akademie der Sozialwissenschaften (PASS) im Vatikan arbeitet Sachs an Fragen der nachhaltigen Entwicklung im Kontext der Enzyklika Laudato si' von Papst Franziskus.

Er ist Universitätsprofessor und Direktor des Zentrums für nachhaltige Entwicklung an der Columbia University. Er hat den Master of Development Practice (MDP) als neuen Masterstudiengang für nachhaltige Entwicklung ins Leben gerufen, der inzwischen an mehr als dreißig Universitäten weltweit angeboten wird. Gemeinsam mit Joseph Stiglitz gründete Sachs den PhD in Nachhaltiger Entwicklung an der Columbia University. Bevor er im Juli 2002 an die Columbia University kam, war Sachs über zwanzig Jahre lang Professor an der Harvard University, zuletzt als Direktor des Center for International Development und Galen L. Stone Professor of International Trade.

Sachs ist in zahlreichen Beiräten und als Berater von Regierungen und Agenturen weltweit tätig, unter anderem als Sonderberater des Hohen Vertreters/Vizepräsidenten der Europäischen Kommission Josep Borell Fonteles, sowie als Mitglied des hochrangigen Beirats der Allianz der Zivilisationen der Vereinten Nationen (2020–2022) und als Kommissar der ITU/UNESCO-Breitbandkommission für Entwicklung.

In den 1980er Jahren half er mehreren lateinamerikanischen Ländern, darunter Bolivien, Brasilien und Peru, die Hyperinflation zu beenden und ihre Auslandsschulden zu reduzieren. Er war der führende akademische Fürsprecher in den Vereinigten Staaten für den Abbau des Schuldenüberhangs der Entwicklungsländer, und seine Ideen flossen in die globalen Schuldenabbaupläne ein, die ab Mitte der 1980er Jahre durchgeführt wurden, darunter der Brady-Plan und das HIPC-Programm.

1989 beriet Sachs die Solidarnosc-Bewegung in Polen und die erste postkommunistische Regierung von Ministerpräsident Tadeusz Mazowiecki. Er verfasste den ersten umfassenden Plan für den Übergang von einer zentralisierten Planwirtschaft zu einer marktwirtschaftlichen Demokratie, der in das äußerst erfolgreiche Reformprogramm Polens unter der Leitung von Finanzminister Leszek Balcerowicz aufgenommen wurde. Sachs war der Hauptverantwortliche für Polens erfolgreichen Schuldenabbau. Die polnische Regierung zeichnete Sachs 1999 mit einer ihrer höchsten Auszeichnungen aus, dem großen Verdienstkreuz. Außerdem erhielt er die Ehrendoktorwürde der Krakauer Universität für Wirtschaft.

Sachs' Ideen und Methoden für den Übergang aus einer zentralisierten Planwirtschaft wurden in allen Transformationsländern erfolgreich übernommen. Er half Slowenien (1991) und Estland (1992) bei der Einführung neuer, stabiler und konvertierbarer Währungen. Aufgrund des polnischen Erfolgs wurde er zunächst vom sowjetischen Präsidenten Michail Gorbatschow und dann vom russischen Präsidenten Boris Jelzin als Berater für den Übergang zur Marktwirtschaft eingeladen. In den Jahren 1991–1993 war er außerdem Berater von Premierminister Jegor Gaidar und Finanzminister Boris Fjodorow in Fragen der makroökonomischen Politik. Außerdem erhielt er die Leontief-Medaille des Leontief-Zentrums in St. Petersburg für seine Beiträge zu den Wirtschaftsreformen in Russland.

Von der Mitte der 1990er Jahre bis heute hat sich Jeffrey Sachs zudem mit Wirtschaftsreformen in Indien und China befasst. Er war ein hochrangiger Berater der indischen Regierung, unter anderem in Bezug auf die Ausweitung der medizinischen Grundversorgung in ländlichen Gebieten (National Rural Health Mission), eine Politik, die er empfahl und durch die Indische Kommission für Makroökonomie und Gesundheit zu fördern half. Für seine umfassende Unterstützung der indischen Wirtschaftsreformen wurde Sachs mit dem Padma Bhushan ausgezeichnet, einer der höchsten Auszeichnungen Indiens. In ähnlicher Weise hat sich Sachs mit der chinesischen Regierung in vielen Fragen der nachhaltigen Entwicklung auseinandergesetzt und von 2001 bis 2003 mit hochrangigen Regierungsvertretern an Chinas westlicher Entwicklungsstrategie gearbeitet. Er arbeitete mit der jordanischen Regierung an einem nationalen Programm zur Armutsbekämpfung und mit der Regierung von Katar an einer Initiative für Bildung und IKT.

Seit 1995 engagiert sich Sachs intensiv für den Weg Afrikas aus der Armut. Er hat in mehr als zwei Dutzend afrikanischen Ländern gearbeitet und die afrikanische Führung auf mehreren Gipfeltreffen der Afrikanischen Union beraten. Mitte der 1990er Jahre arbeitete er mit hochrangigen Beamten der Clinton-Administration an der Entwicklung des Konzepts für den African Growth and Opportunity Act (AGOA). Derzeit berät er mehrere afrikanische Regierungen, darunter die Demokratische Republik Kongo, Äthiopien, Ghana, Kenia, Malawi, Mali, Nigeria, Ruanda, Senegal, Tansania und Uganda.

Er war Vorsitzender der WHO-Kommission für Makroökonomie und Gesundheit (2000–2001) und arbeitete mit UN-Generalsekretär Kofi Annan an der Konzeption und Einrichtung des Globalen Fonds zur Bekämpfung von AIDS, Tuberkulose und Malaria. Er arbeitete eng mit hochrangigen Beamten der Regierung von George W. Bush zusammen, um das PEPFAR-Programm zur Bekämpfung von HIV/AIDS und das PMI-Programm zur Bekämpfung von Malaria zu entwickeln. Im Auftrag von Generalsekretär Kofi Annan leitete er von 2002 bis 2006 das UN-Millennium-Projekt, das einen konkreten Aktionsplan zur Erreichung der Millenniums-Entwicklungsziele entwickeln sollte. Die Generalversammlung der Vereinten Nationen nahm die wichtigsten Empfehlungen des UN-Millennium-Projekts auf einer Sondersitzung im September 2005 an. Die Empfehlungen für das ländliche Afrika wurden in dem von ihm geleiteten Millennium Villages Project (MVP) im Zeitraum 2006–2015 sowie in mehreren nationalen Projekten umgesetzt. Das MVP erzielte bemerkenswerte Erfolge bei der Steigerung der landwirtschaftlichen Produktion, der Verringerung des Wachstumsrückstands bei Kindern und der Senkung der Kindersterblichkeitsrate.

Sachs ist 2022 Träger des Tang-Preises für nachhaltige Entwicklung und wurde kürzlich per Dekret des französischen Staatspräsidenten mit dem Orden der Ehrenlegion und vom estnischen Staatspräsidenten mit dem Kreuzorden ausgezeichnet. Er hat 42 Ehrendoktorwürden erhalten. Derzeit lebt Sachs mit seiner Frau, Dr. Sonia Ehrlich Sachs in New York City.

ISBN: 978-3-86489-458-9
Preis: EUR 25,00/EUA 25,70
Auch als E-Book erhältlich

Entnazifizierung 2.0

Was bedeuten die Verbrechen von Nazi-Deutschland heute für jüdische Menschen sowie für Deutsche? Überlebende der Nazi-Zeit gibt es kaum noch – weder auf Seite der Opfer, noch auf Seite der Schuldigen. Und doch bedeutet das Versterben dieser Generation nicht, dass alle Spuren der Nazi-Zeit unsichtbar würden.

Entnazifiziert euch! erklärt, wie oberflächlich die Entnazifizierung nach dem Zweiten Weltkrieg durchgeführt wurde und wie wenig sie mit den jüdischen Opfern der Nazi-Zeit zu tun hatte. Es wird deutlich, dass die Profite der Nazis noch heute die deutsche Gesellschaft prägen, von der Wirtschaft über kulturelle Veranstaltungen bis hin zur interreligiösen Bildung und tagespolitischen Fragen. Während es im Alltag fast unmöglich scheint, diesen Nazi-Spuren auszuweichen, gibt es doch einen Weg, um die Nazi-Belastung zu überwinden. Es ist nicht zu spät, unser aller Leben zu entnazifizieren!

ISBN: 978-3-86489-390-2
Preis: EUR 20,00/EUA 20,60
Auch als E-Book erhältlich

Wie wir Europa retten können

Europa ist mit einem grausamen Krieg an seiner Grenze konfrontiert und steht dreißig Jahre nach Wiedervereinigung und Maastrichter Vertrag am Scheideweg. Ulrike Guérot und Hauke Ritz beleuchten in ihrem Essay „Endspiel Europa“ die Entwicklung der Europäischen Union seit 1992 und besinnen sich auf die ursprünglichen europäischen Werte und Ziele: ein souveränes Europa und eine kontinentale Friedensordnung. Die Entwicklungen, die dem Ukraine-Krieg vorangingen, beleuchten sie genau und bringen bisher weitgehend Unbekanntes ans Licht. Ulrike Guérot und Hauke Ritz fordern ein Umdenken hin zu einem eigenständigen Europa, das gegenüber Amerika und Russland als gleichwertiger Partner auftritt.